विष्णु के सात रहस्य

देवदत्त पटनायक

राजपाल

अनुवाद
महेन्द्र कुलश्रेष्ठ

ISBN : 9789350642405

प्रथम संस्करण : 2014, चतुर्थ आवृत्ति : 2017

© देवदत्त पटनायक

हिन्दी अनुवाद © राजपाल एण्ड सन्ज़

VISHNU KE SAAT RAHASYA (Mythology) by Devdutt Pattanaik
(Hindi translation of *7 Secrets of Vishnu*)

राजपाल एण्ड सन्ज़

1590, मदरसा रोड, कश्मीरी गेट-दिल्ली-110006
फोन : 011-23869812, 23865483, 23867791
website : www.rajpalpublishing.com
e-mail : sales@rajpalpublishing.com
www.facebook.com/rajpalandsons

लेखक की ओर से

उन सैंकड़ों चित्रकारों व कलाकारों को आदरपूर्वक समर्पित
जिनकी अपूर्व कृतियों ने विशिष्ट धर्म-धारणाओं और
रचनाओं को जन सामान्य के लिए सुलभ बनाया

यह महत्त्वपूर्ण तथ्य है कि विष्णु सम्बन्धी कथाओं का प्रसार बौद्ध धर्म के उदय के पश्चात् हुआ। इससे पहले हिन्दू धर्म 'यज्ञ' नामक जटिल क्रियाओं और आरण्यक तथा उपनिषद् की अंतर्मुखी धारणाओं के उच्च वर्ग-आधारित क्रियाकलापों तक सीमित था। ये सब सामान्य जन में प्रचलित पूजा-पाठ से बिल्कुल अलग थे, जो पृथ्वी की उर्वरता बढ़ाने की क्रियाओं, पशुओं तथा पेड़-पौधों और प्रकृति पर केन्द्रित क्रियाओं पर ही केन्द्रित थीं।

बौद्धधर्मी जनसाधारण से उन्हीं की भाषा में बात करते थे और उनकी रोज़मर्रा की समस्याओं को ही उठाते थे। इसलिए यह लोकप्रिय भी बहुत था। परन्तु बौद्ध धर्म भिक्षु संघ को ज़्यादा महत्त्व देता था। इसके विपरीत हिन्दू धर्म में संन्यासी तथा गृहस्थ, दोनों को समान स्थान प्राप्त था। भिक्षु जीवन के प्रति लोगों का आकर्षण खत्म करने के लिए उसने कहानियाँ सुनाने के सरल उपाय का सहारा लिया।

विष्णु सम्बन्धी कथाएँ गृहस्थ के दृष्टिकोण से हिन्दू जीवन की कल्पना प्रस्तुत करती हैं। इन्हीं की पूर्ति शिव की कथाओं से होती है जो धार्मिक जीवन के दूसरे तपस्वी पक्ष को उजागर करती हैं। चूँकि विष्णु तथा शिव दोनों ही ईश्वर के रूप हैं, इसलिए उनके दोनों ही रूप गृहस्थ व तपस्वी समान रूप से सम्मानित हैं।

यह निश्चित करने के लिए कि ये कथाएँ मात्र मनोरंजन के साधन न रहें उन्हें

पवित्र घोषित किया गया और उन्हें विशिष्ट प्रतीकों तथा विधि-विधानों से बाँध दिया गया। विष्णु के प्रतीक तथा पूजा विधियाँ शिव के प्रतीक और पूजा-पाठ से भिन्न हैं। उदाहरण के लिए, विष्णु को स्वर्ण से मंडित किया जाता है, शिव को धूनी की राख से लपेटा गया है। विष्णु के भजन में तुलसी का समर्पण किया जाता है जो घर के भीतर पैदा होती है, परन्तु शिव का बेल पत्त्रों से, जो घरों से बाहर झाड़-झंखाड़ में उत्पन्न होते हैं। विष्णु अपने नेत्र खोलकर नृत्य करते हैं, परन्तु शिव नाचते हुए उन्हें बंद कर लेते हैं। इन अंतरों के द्वारा भिन्न-भिन्न विचार प्रसारित किए गए।

जो ज्ञान पहले कुछ विशिष्ट व्यक्तियों तक सीमित था, वह अब उन सबको प्राप्त होने लगा जो इन कथाओं को चाव से सुनते थे, निर्धारित प्रतीकों का सम्मान करते थे, और विहित पूजा-पाठ नियमित रूप से करते थे। इस कहानी-केन्द्रित हिन्दू धर्म में विष्णु को विशेष महत्त्व प्राप्त हुआ। जिस हिन्दू धर्म को अनेक परम्पराओं का विशाल गोरख धन्धा कहा जा सकता है, विष्णु उसके केन्द्रीय व्यक्तित्व हैं।

पाठकों को विष्णु के रहस्यों का सरलता से परिचय देने के लिए यहाँ इस पुस्तक के अध्यायों का विवरण दिया जा रहा है :

- पहले अध्याय में यह स्पष्ट किया गया है कि हिन्दू धर्म की आध्यात्मिक धारणाओं को स्त्री-पुरुष के भेद से कैसे समझाया जाय।

- दूसरे अध्याय में मनुष्य तथा पशु का अंतर स्पष्ट किया गया है।

- तीसरे और चौथे अध्याय देव और असुर की विशेषताओं पर प्रकाश डालते हैं, जो दोनों ही दुखी हैं, क्योंकि एक अपनी असुरक्षा से संघर्ष करता है और दूसरा अपनी महत्त्वाकांक्षा पूर्ण करने में लगा हुआ है।

- पाँचवे और छठे अध्यायों में रामायण तथा महाभारत की कथाएँ हैं, जिनमें मनुष्य अपनी मानवता के लिए संघर्षरत है।

- सातवें अध्याय में आस्था के नवीकरण द्वारा ज्ञान-प्राप्ति की दिशा की ओर संकेत किया गया है।

विष्णु की कथाओं, प्रतीकों और विधि-विधानों में निहित प्रवृत्तियों को इस पुस्तक में स्पष्ट करने का प्रयास किया गया है, इस विश्वास के साथ कि,

अनन्त सत्यों में ही परम सत्य विद्यमान है,
यह सब कौन देखता है?
विष्णु को सहस्र नेत्र प्राप्त हैं।
इन्द्र को सौ
और मुझे, केवल दो।

क्रम

अनुवादक की ओर से

अंग्रेज़ी से हिन्दी में अनूदित इस पुस्तक को पढ़ते समय पाठकों से निवेदन है कि निम्न बातों का ध्यान रखें—

इस पुस्तक की विषय-वस्तु प्राचीन भारतीय पौराणिक गाथाओं के एक सुपरिचित विषय से सम्बन्धित है, इसकी प्रस्तुति, कहीं-कहीं इसकी व्याख्या आधुनिक एवं समकालीन सन्दर्भों में की गई है।

लेखक की व्याख्या विषय की परम्परागत समझ को न तो किसी तरह से कम करती है और न ही उससे दूर ले जाती है। इस विषय के प्रति लोगों में आदर या श्रद्धा की भावना है, लेखक की व्याख्या उसे भी अभ्यारोपण से कम नहीं करती है/न किसी भी तरीके से विषय के सम्मान और महत्त्व को दूसरों की समझ से कमतर आँकती है।

यह पुस्तक मूलत: अंग्रेज़ी में लिखी गयी थी और हिन्दी में अनूदित करने की अपनी चुनौतियाँ थीं क्योंकि मूल अंग्रेज़ी में प्रयुक्त कुछ शब्दों के सटीक और समकक्ष हिन्दी शब्द नहीं हैं। ऐसी स्थिति में एक शब्द की व्याख्या एक वाक्यांश या संक्षिप्त वर्णन से की गयी है। यह पुस्तक उन पाठकों के लिए उपयोगी है जो विषय से बहुत परिचित नहीं हैं। लेकिन जो पाठक इस पुस्तक की विषय-वस्तु से सुपरिचित हैं उनके लिए इस तरह का वर्णन अनावश्यक हो सकता है और पठनीयता में बाधक है। पाठकों से निवेदन है कि पढ़ते समय इस बात को ध्यान में रखें।

1. मोहिनी का रहस्य

आध्यात्मिक विकास के लिए
भौतिक विकास का त्याग आवश्यक नहीं

दक्षिण भारत के मंदिर से प्राप्त मोहिनी के रूप में विष्णु की उत्सव-मूर्ति

विष्णु के सात रहस्य

मोहिनी विष्णु का स्त्री रूप है। वह बहुत आकर्षक है, उसे देखकर कामना उत्पन्न होती है, मनुष्य भ्रमित हो जाता है, परन्तु वह अप्सरा नहीं है, मेनका, रम्भा और उर्वशी की तरह, जो पुराणों में प्रसिद्ध हैं और जिन्होंने ऋषियों तथा दानवों को भ्रष्ट किया है। मोहिनी इन सबसे भिन्न है क्योंकि उन्हें विष्णु का रूप माना जाता है, और विष्णु स्त्री न होकर पुरुष है। मोहिनी उनका स्त्री रूप है।

हिन्दू पुराण कथाओं में स्त्री-पुरुष के भेद द्वारा आध्यात्मिक धारणाओं को व्यक्त करने की परम्परा है। भारतीय दर्शन में सबसे बड़ी मान्यता यह है कि मौलिक तत्व दो हैं; भौतिक सत्ता और आध्यात्मिक सत्ता। भौतिक सत्ता बाहर से दिखाई देती है और इन्द्रियों को उनका अनुभव होता है, परन्तु आध्यात्मिक सच्चाई दृश्यमान नहीं है और किसी भी इन्द्रिय को उसका आभास भी नहीं होता। भौतिक सच्चाई को स्त्री का रूप दिया गया है और आध्यात्मिक सच्चाई को पुरुष का। परन्तु मोहिनी, अन्य अप्सराओं के विपरीत बाहर से स्त्री और भीतर से पुरुष है। ये दोनों प्रकार की अप्सराएँ कामना जगाती हैं, परन्तु दोनों की मानसिकता भिन्न होती है। वास्तविक अप्सरा आध्यात्मिक सच्चाई से व्यक्ति को दूर करने का प्रयत्न करती है और उसका सब कुछ भौतिक सच्चाई से आवृत्त कर लेती है। परन्तु मोहिनी भौतिक सच्चाई के घेरे में ही मानवता का ध्यान आकर्षित करती है, और इस प्रकार उसी में आध्यात्मिक सच्चाई प्रदान करने का कार्य करती है। विष्णु की परम्परा का यही सार-संक्षेप है।

दर्शन में भौतिक सच्चाई को 'प्रकृति' और आध्यात्मिक सच्चाई को 'पुरुष' नाम दिया गया है। प्रकृति का अर्थ है हमारे चारों ओर फैला निसर्ग। पुरुष का अर्थ है मनुष्य।

प्रकृति में मनुष्य को धातुओं, पेड़-पौधों और पशु पक्षियों से ऊपर स्थान दिया गया है, क्योंकि उन्हीं को सोचने, विचार करने, कल्पना करने और चुनाव

खजुराहो मंदिर की दीवार पर अंकित विष्णु और लक्ष्मी की प्रतिमा
12वीं शताब्दी में चंदेल राजाओं द्वारा निर्मित

करने की क्षमता प्राप्त है। इनकी सहायता से मनुष्य शारीरिक सीमाओं से ऊपर उठ सकता है, प्रकृति की बाधाओं को पार कर सकता है, और अन्त की खोज कर सकता है। इस दृष्टि में मनुष्य जीवन विशिष्ट है। इसीलिए प्राचीन विचारकों ने दोनों तत्त्वों को व्यक्त करने के लिए मानवी प्रतीकों का उपयोग किया।

भौतिक तथा आध्यात्मिक, दोनों सत्य परस्पर आश्रित हैं। भौतिक सत्य के बिना आध्यात्मिक सत्य को प्राप्त नहीं किया जा सकता और आध्यात्मिक सत्य के बिना भौतिक सत्य का कोई उद्देश्य नहीं रह जाता। भौतिक और आध्यात्मिक सत्यों की यह परस्पर सहयोगी कल्पना स्त्री-पुरुष की सहभागिता द्वारा व्यक्त की गई है। इसीलिए भारतीय मन्दिरों की दीवारों पर स्त्री-पुरुष के युगलों के चित्र अंकित किये गए हैं।

पुराणों में सामान्य संज्ञा शब्द विशिष्ट संज्ञा या नामों में बदल जाते हैं, कोई विचार भी देव या देवी बना दिया जाता है। इस तरह सामान्य पुरुष, विशेष पुरुष या ईश्वर बन जाता है और सामान्य प्रकृति देवी के रूप को व्यक्त करने वाली प्रकृति बन जाती है। विष्णु की परम्परा में पुरुष को विष्णु तथा प्रकृति को लक्ष्मी कहा गया है। विष्णु सृष्टि को संभालते हैं, लक्ष्मी उसे समृद्ध बनाती हैं। विष्णु लक्ष्मी के बिना अपना कार्य नहीं कर सकते, लक्ष्मी विष्णु के बिना व्यर्थ हो जाती हैं। विष्णु उन्हें उद्देश्य प्रदान करते हैं, लक्ष्मी साधन जुटाती हैं। इस प्रकार दोनों एक-दूसरे की उपयोगिता स्थापित करते हैं। एक के बिना दूसरा नहीं रह सकता।

परन्तु भौतिक धन-संपत्ति से स्त्री को जोड़ने का पौराणिक विचार कई लोगों को परेशान करता है। इसे उलटा क्यों नहीं होना चाहिए? सत्य को विष्णु के साथ और आध्यात्मिक सत्य को लक्ष्मी के साथ क्यों नहीं जोड़ा जाता?

इस परेशानी का कारण यह है कि भौतिक सत्य की अपेक्षा आध्यात्मिक सत्य को ज़्यादा बड़ा स्थान दिया जाता है। फिर जब इसके साथ मानव समाज में, स्त्रियों को दूसरा स्थान देने की स्थिति भी जुड़ जाती है, तो मान लिया जाता है कि यह भी हमारे पितृ परक समाज में उनके मूल्यों को स्थापित करने का प्रयत्न है। परन्तु यह सच नहीं है। पौराणिक साहित्य में भले ही स्त्री को

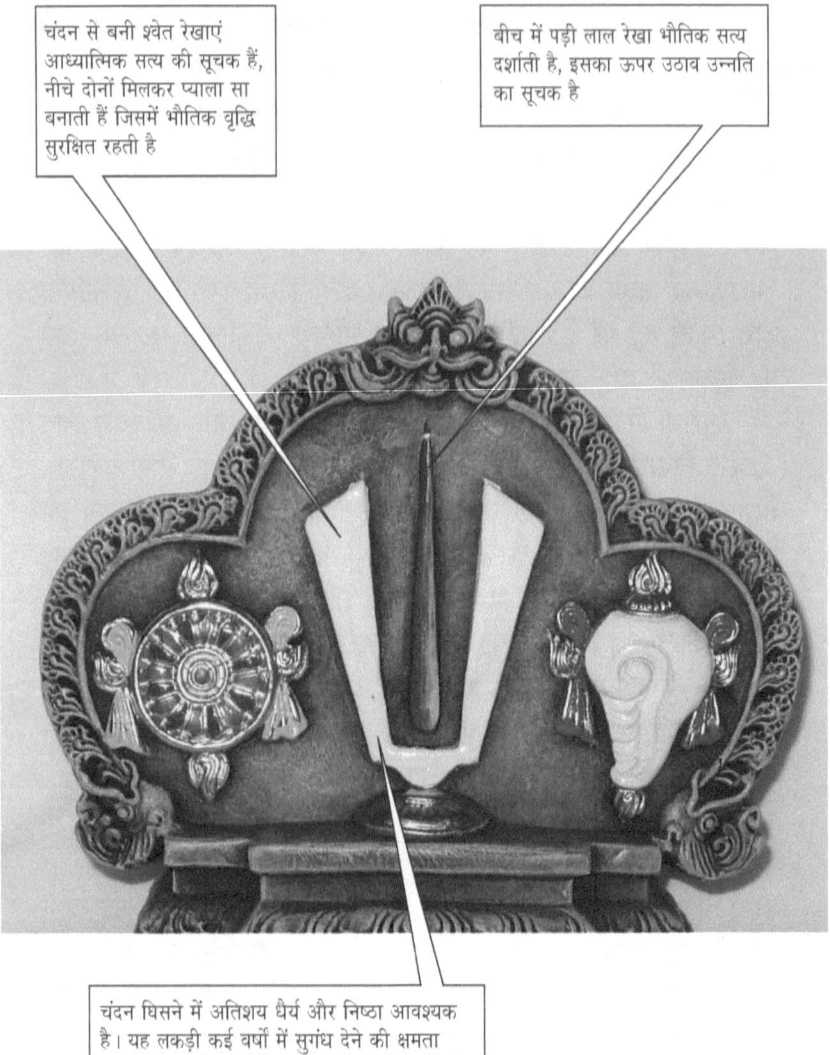

विष्णु का पावन तिलक-ऊर्ध्वपुण्ड्र

    विष्णु के सात रहस्य

भौतिक सत्य का प्रतीक बनाया जाता हो, परन्तु स्त्री-पुरुष की राजनीति से इसका कोई लेना-देना नहीं है, इसका वास्तविक संबंध दोनों की शारीरिक स्थिति से है।

पुरुष तथा स्त्री के शरीरों में सबसे बड़ा अंतर यह है कि जहाँ पुरुष अपने शरीर के बाहर जीवन की उत्पत्ति करता है, वहाँ यह क्रिया स्त्री के शरीर के भीतर होती है। पुरुष जीवन का आरम्भ करता है, स्त्री उसे रूप देती है। जीवन का निर्माण करने के लिए दोनों ही आवश्यक हैं। शास्त्र के अनुसार आध्यात्मिक सत्य दर्शन को बीज प्रदान करता है, भौतिक सत्य उसे धारण करता है। चिन्तन की दुनिया में आध्यात्मिक सत्य जो कार्य करता है, वह जीवन उत्पत्ति के क्षेत्र में पुरुष का शरीर करता है। स्त्री शरीर के लिए भी यही स्थिति है। इसीलिए आध्यात्मिक सत्य को व्यक्त करने के लिए पुरुष का शरीर उपयुक्त है, और भौतिक सत्य के लिए स्त्री का शरीर। परन्तु इसका अर्थ यह भी नहीं है कि पुरुष का शरीर आध्यात्मिक है और स्त्री का भौतिक। धर्म में ये रूप प्रतीक मात्र हैं।

विष्णु का मस्तक पर लगा तिलक, ऊर्ध्वनमन, भौतिक तथा आध्यात्मिक, दोनों सत्यों का संयुक्त रूप है। भौतिक सत्य लाल रंग से व्यक्त होता है, जो रक्त का घोतक है और जो मनुष्य की नस-नाड़ियों में बहता हुआ जीवन को धारण करता है। आध्यात्मिक सत्य श्वेत रंग से व्यक्त होता है, जो हड्डियों का रंग है और जो स्थिर रहकर जीवन को सम्भालती हैं।

बीच में लाल रेखा और उसके दोनों ओर ऊपर जाने वाली श्वेत रेखाएँ प्रगति की सूचक हैं। संस्कृत में 'बृह' ध्वनि वृद्धि की सूचक है, इसी से ईश्वर के लिए वैदिक शब्द, ब्रह्म बना है। ब्रह्म वह है जो विशाल है, वृद्धि पाता है और अनन्त है। 'विष्णु' शब्द का अर्थ है, वह जो बढ़कर सबको धारण करता है। दूसरे शब्दों में कहें, तो विष्णु, भौतिक तथा आध्यात्मिक, दोनों सत्यों को ग्रहण करने वाला ईश्वर है।

भौतिक उन्नति का अर्थ क्या है? इसका अर्थ है, उन सब पदार्थों की

तिरुपति में वेंकटेश्वर बालाजी की प्रतिमा

     विष्णु के सात रहस्य

प्राप्ति जो पंचेन्द्रियों को सुख देने के लिए इस संसार में उपलब्ध है; खाना, कपड़ा, घर, संगीत, नृत्य, कला, मनोरंजन, सम्बन्ध, शान्ति, सुख और समृद्धि। आज विष्णु के किसी भी मन्दिर में जाइये—चाहे यह तिरुपति का वेंकटेश्वर बालाजी मन्दिर हो, या राजस्थान में श्रीनाथजी हो, या पुरी में जगन्नाथ, या झावेरी के नदी द्वीपों में खड़े रंगनाथ स्वामी के भव्य मन्दिर। आप पाएँगे कि विष्णु पूजन की परम्परा भौतिक रूप से कितनी समृद्ध है। इनके विधि-विधान में रंग, संगीत, सुगंध और स्वाद सबका सम्मिश्रण है।

परन्तु भौतिक वस्तुएँ स्थायी नहीं होतीं। थोड़े दिन बाद वे नष्ट हो जाती हैं, और मस्तिष्क को सुख नहीं देतीं। इससे कष्ट होता है, निराशा, व्यथा, चिन्ता, असुरक्षा, भय उत्पन्न होते हैं, जो उचित नहीं है। इन्हें रोका न जाय, तो ये लोभ, ईर्ष्या, शोध और विद्रोह को जन्म देते हैं।

आध्यात्मिक प्रगति इन भावनाओं पर नियन्त्रण कर सकती है, जिससे व्यक्ति लालची और कंजूस हुए बिना भौतिक साधनों का उपयोग और उनका सुख प्राप्त करने की योग्यता अर्जित कर सकते हैं। जब भौतिक संसार उसकी सहायता करता है, तब वह प्रसन्न होता है, परन्तु जब नहीं करता, तब दुखी नहीं होता। यह तभी सम्भव है जब भौतिक उन्नति के साथ-साथ बौद्धिक उन्नति भी होती रहे। भौतिक पदार्थों पर निर्भरता के कारण जो मानसिक उद्वेग पैदा होता है, उस पर बौद्धिक शक्ति ही नियन्त्रण कर सकती है।

इसी कारण मस्तक पर विष्णु का चिह्न धारण किया जाता है—मस्तिष्क उसी के भीतर स्थित है। आध्यात्मिकता का प्रतीक श्वेत रंग है, जिसकी दो रेखाएँ भाले की तरह दोनों ओर लगाई जाती हैं, और उनके बीच भौतिकता की प्रतीक लाल रंग की रेखा अंकित होती है। अनियंत्रित भौतिक प्रगति शुभ नहीं होती।

आध्यात्मिक सत्य की उपलब्धि के लिए पहला कदम है मनुष्य के रूप में जन्म लेना क्योंकि शरीर ही भौतिक सच्चाई की अनुभूति कर सकता है और मनुष्य का शरीर ही आध्यात्मिक सत्य का अवगाहन कर सकता है।

नेपाल में 'बूढ़ा नीलकण्ठ' नाम से प्रसिद्ध विष्णु की नारायण-रूपी प्रतिमा, जो शेषनाग की शय्या पर सो रही है

मन्दिर की दीवार पर अंकित, अनन्त नामक नाग पर विराजमान विष्णु प्रतिमा–बेलुड़, कर्नाटक

 विष्णु के सात रहस्य

शायद माता के गर्भ में जल पर तैरते अजन्मे शिशु की कल्पना नारायण की धारणा का आधार है, जो विष्णु का रूप है और जल पर सो रहा है। जब विष्णु सो रहे होते हैं, सृष्टि की सत्ता, न बाहरी अभिव्यक्ति में और न आन्तरिक विचार में, नहीं होती। अजन्मे शिशु की भी यही स्थिति होती है।

अजन्मी स्थिति में बच्चा संसार के प्रति अज्ञ होता है। वह संसार के रूप से परिचित नहीं होता, न उसे संसार के कोई विचार आते हैं। न पदार्थ के न चेतना के, न पुरुष के न स्त्री के, न श्वेत रंग के न लाल के—कोई विचार नहीं आते। कुछ भी नहीं होता उसके साथ। यह अजन्मा शिशु जल पर स्वप्नहीन स्थिति में शयन कर रहे नारायण के समान होता है।

नारायण एक विशाल सर्प की शय्या पर सो रहे हैं, जिसके अनेक फन हैं। इस महासर्प का नाम है आदि-अनन्त शेष, और यह समय का सूचक है। 'आदि' का अर्थ है आदिम, अनन्त का अर्थ है चारों दिशाओं में फैला और 'शेष' का, जो बाकी बच रहा है। ये तीन नाम समय की तीन स्थितियों के सूचक हैं—जब व्यक्ति जग रहा होता है, जब वह जग जाता है, और जब वह सो रहा होता है। हम जागते हैं तो हमें सबसे पहली अनुभूति समय की होती है। इसे 'आदि' कहते हैं, आरम्भिक अनुभूति जिसे गणित की संख्या एक से सूचित किया गया है। जब हम पूरी तरह जाग जाते हैं, हम संसार को अनेक रूपों में देखने की क्षमता प्राप्त कर लेते हैं। यह अनन्त है, परम अनुभूति, जिसे गणित में भी अनन्त कहा जाता है। जब हम गहरी नींद में होते है, और हमें कोई सपने भी दिखाई देना बंद हो जाते हैं, तब हमारा समय से ध्यान हट जाता है और दुनिया की सब अनुभूति समाप्त हो जाती है। कुछ भी अस्तित्व में नहीं रहता। जो कुछ रह जाता है, उसे 'शेष', यानी बाकी रहा तत्व, कहते हैं, जिसे गणित में शून्य माना गया है। इस प्रकार विष्णु के शयन स्थल सर्प का नाम आदि-अनन्त-शेष मनुष्य जीवन की इन तीनों— जगना, जगकर महसूस करना, और सो जाना, स्थितियों का सूचक है जो चक्राकार घूमता रहता है। जब नारायण जाग जाते हैं, उनकी नाभि से कमल का फूल खिल उठता है, जिस पर ब्रह्मा विराजमान रहते हैं।

विष्णु की नाभि से प्रकट होते ब्रह्मा—कैलेन्डर कला

ब्रह्मा माता के गर्भ से बाहर निकलते शिशु की तरह हैं। उन्हें बाहर से अचानक उत्पन्न होने वाली अनुभूतियों का अहसास होता है। यह माँ के गर्भ के भीतर होने वाली अनुभूतियों से भिन्न होता है। यह प्रकृति के साथ उनका पहला संपर्क होता है।

ब्रह्मा पाते हैं कि वे प्रकृति से भिन्न हैं। उन्हें यह क्षमता अपने भीतर के पुरुष से प्राप्त होती है, परन्तु वे इस ज्ञान से अनभिज्ञ होते हैं। वे सिर्फ यह जानते हैं कि वे प्रकृति नहीं हैं। चेतना बढ़ने के साथ वे प्रकृति का अनुभव करने लगते हैं। इस प्रकार ब्रह्मा का जन्म मानवी चेतना के उदय की सूचना देता है।

ब्रह्मा सीमा बद्ध चेतना के प्रतिनिधि हैं, परन्तु वे ब्रह्म की अनन्त चेतना की अनुभूति प्राप्त करने में सक्षम हैं। इसलिए कहा गया है, 'अहम् ब्रह्मास्मि', जिसके दो अर्थ हैं : मैं ब्रह्मा हूँ और 'मैं ब्राह्मण हूँ।' पहला अर्थ सीमा बद्ध ब्रह्मा का द्योतक है, दूसरा अर्थ इस क्षमता को प्राप्त करने की आकांक्षा व्यक्त करता है।

मानव मस्तिष्क, या ब्रह्म प्रकृति को देखता है जो कभी स्थिर नहीं होती। मनुष्य यहाँ से वहाँ घूमता है, प्रकृति बदलती रहती है; वर्षा से भीगे जंगल जलती रेत में बदल जाते हैं, बर्फ से ढके पहाड़, विशाल समुद्र बन जाते हैं। वह कहीं चुप बैठ जाय, तो भी प्रकृति रूप बदलती रहती है, समय बीतने के साथ वह बदलती चली जाती है : पौधे सूखकर मर जाते हैं, पशु बच्चे पैदा करके नई जगह चले जाते हैं, ऋतुएँ बदलती हैं, सूरज उगता और डूब जाता है, चंद्रमा घटता-बढ़ता रहता है, सितारे आसमान में चक्कर लगाते रहते हैं। हर वस्तु जो पैदा होती है, मर जाती है।

माँ के गर्भ में हर वस्तु स्थिर होती है, इसलिए वहाँ आराम रहता है। वहाँ कुछ होने की आशा भी नहीं की जाती। परन्तु बाहर प्रकृति में हर वस्तु गतिमान रहती है और जीवित रहने के लिए चलना-फिरना आवश्यक हो जाता है। जहाँ तक प्रकृति का प्रश्न है, प्रकृति शतरूपा है, अगणित रूपों वाली गतिमान देवी। वह उन्हें डराती है।

तिरुवनंथपुरम के मन्दिर में पद्मनाभ स्वामी की
लेटी हुई अति विशाल प्रतिमा—कैलेन्डर कला

ब्रह्मा के मस्तिष्क को मन या कल्पना का गुण प्राप्त है। वह कल्पना कर सकते हैं कि शीघ्र ही वह उनकी इच्छाओं पर नृत्य करेगी। यह सोचकर वे प्रसन्न होते हैं। परन्तु वे यह भी कल्पना करते हैं कि कभी शतरूपा उन के ऊपर छा जायेगी, इससे वे भयभीत होते हैं। लेकिन इस सबसे ज़्यादा वे यह भी कल्पना करते हैं कि कभी वे शतरूपा का अनुभव ही नहीं कर सकेंगे, यानी उनकी मृत्यु हो जायेगी। यह बात उन्हें सबसे ज़्यादा डराती है।

ब्रह्मा अपना यह भय, मरने का भय, सब जीवित प्राणियों, जीवात्माओं को, जो सब उन्हीं के बच्चे और पोते हैं, प्रदान कर देते हैं। इसी कारण बच्चे जब जन्म लेते हैं, तो सबसे पहले वे रोते हैं; और इसी कारण ब्रह्मा की पूजा नहीं की जाती।

परन्तु विष्णु को ऐसा कोई भय नहीं होता। वे जानते हैं कि ब्रह्मा जिसे मृत्यु समझते हैं, वह केवल उस शरीर का नाश है जिसमें पुरुष रहता है। उसे अपने अस्तित्व के लिए लौकिक सत्य पर निर्भर नहीं करना पड़ता। वह जानते हैं कि वे स्वयं अनन्त और अमर पुरुष हैं। वे परमात्मा हैं। इसलिए विष्णु की पूजा की जाती है। हर जीवात्मा उन्हें प्राप्त करना चाहती है।

ब्रह्मा प्रकृति के उन पक्षों से बचते हैं, जिनसे उन्हें भय लगता है और उन पक्षों की कामना करते है जो उन्हें सुख देते हैं। भय तथा कामना का यह संयोग एक देवी को जन्म देता है, जिसका नाम 'माया' है।

'माया' शब्द का मूल 'मा' धातु है, जिस का अर्थ है नापना। इस प्रकार माया नापने का पैमाना है। प्रकृति की तरह माया भी भौतिक सच्चाई का एक पहलू है। परन्तु जहाँ प्रकृति शारीरिक सत्ता है, माया मानसिक सत्ता है। प्रकृति ब्रह्मा से पहले से विद्यमान है। परन्तु माया उसके बाद प्रकट हुई। एक प्रकार से प्रकृति ब्रह्मा की माता है, माया ब्रह्मा की पुत्री है, या उसे पत्नी भी कह सकते हैं, क्योंकि ब्रह्मा यह नहीं जानते कि माया को उन्होंने जन्म दिया है।

प्रकृति के साथ जीवित रहने के लिए ब्रह्मा को माया की आवश्यकता है। ब्रह्मा प्रकृति को देखते हैं और उसे समझने की कोशिश करते हैं। इसके लिए वे माया की सहायता लेते हैं, उसके चश्मे से प्रकृति को देखते हैं। माया

लेटे हुए विष्णु को देखती देवी माया—मैसूर कला

 विष्णु के सात रहस्य

के पैमाने से वे उसे नापते हैं। नापने का यह कार्य ब्रह्मा कर रहे हैं। जिस वस्तु को वे नापते हैं, वह प्रकृति है। माया की सहायता से ब्रह्मा यह जानना चाहते हैं कि प्रकृति अच्छी है या बुरी, सही है या गलत, सुन्दर है या बदशक्ल। शतरूपा अब अपने विविध रूपों से ब्रह्मा को तंग नहीं करती। अपने चारों तरफ की दुनिया को समझने की योग्यता प्राप्त करके ब्रह्मा बहुत शक्तिशाली हो जाते हैं।

दुर्भाग्यवश माया स्थिर नहीं है। वह ब्रह्मा के अनुभवों तथा अपेक्षाओं से निरन्तर जानकारियाँ और रंग बटोरती रहती है। जब अनुभव बदलता है या अपेक्षा नया रूप लेती है, तब माया उनके अनुसार परिवर्तित हो जाती है। इसलिए जो पहले सही था, वही भविष्य में गलत हो जाता है, दुनिया के एक हिस्से में जो अच्छा होता है, वही दूसरे हिस्से में बुरा हो जाता है, जो किसी व्यक्ति को सुंदर लगता है, वही दूसरे को बदशक्ल लग सकता है। इससे ब्रह्मा को परेशानी होती है और वे समझ नहीं पाते कि क्या करें। इससे उनके बच्चों में लड़ाई-झगड़े होते हैं। सत्य क्या है, यह समझ में नहीं आता। सच्चाई पर ही प्रश्नचिह्न खड़ा हो जाता है। समझ में नहीं आता कि जीवन का अर्थ क्या है। इससे ब्रह्मा का भय बढ़ता है।

माया को अक्सर भ्रम के अर्थ में लिया जाता है। नापने के किसी पैमाने से देखने पर दुनिया को भ्रम समझा जाना स्वाभाविक है, क्योंकि यह एक धारणा है जो पैमाने पर आधारित है। यह भ्रम ब्रह्मा को अच्छा तो लगता है पर उन्हें परेशान भी करता है। इसके बिना ब्रह्मा कहीं के नहीं रहते। इसके साथ उन्हें अर्थ मिलता है, उद्देश्य और दिशा प्राप्त होती है।

ब्रह्मा के द्वारा निर्मित भ्रम के इस संसार को ब्रह्मांड, यानी ब्रह्मा का संसार, नाम दिया जाता है। ब्रह्माण्ड वस्तु परक सच्चाई नहीं है, वह आत्मपरक भौतिक सच्चाई है। पहली सच्चाई माया के बिना व्यक्त सच्चाई है, दूसरी सच्चाई माया की देन है। प्रकृति तो जंगल है—जंगल में मनुष्य पशुओं से भिन्न नहीं होता। परन्तु माया मनुष्य को यह भावना देती है, कि वह पशुओं से श्रेष्ठ है और जंगल का मालिक है।

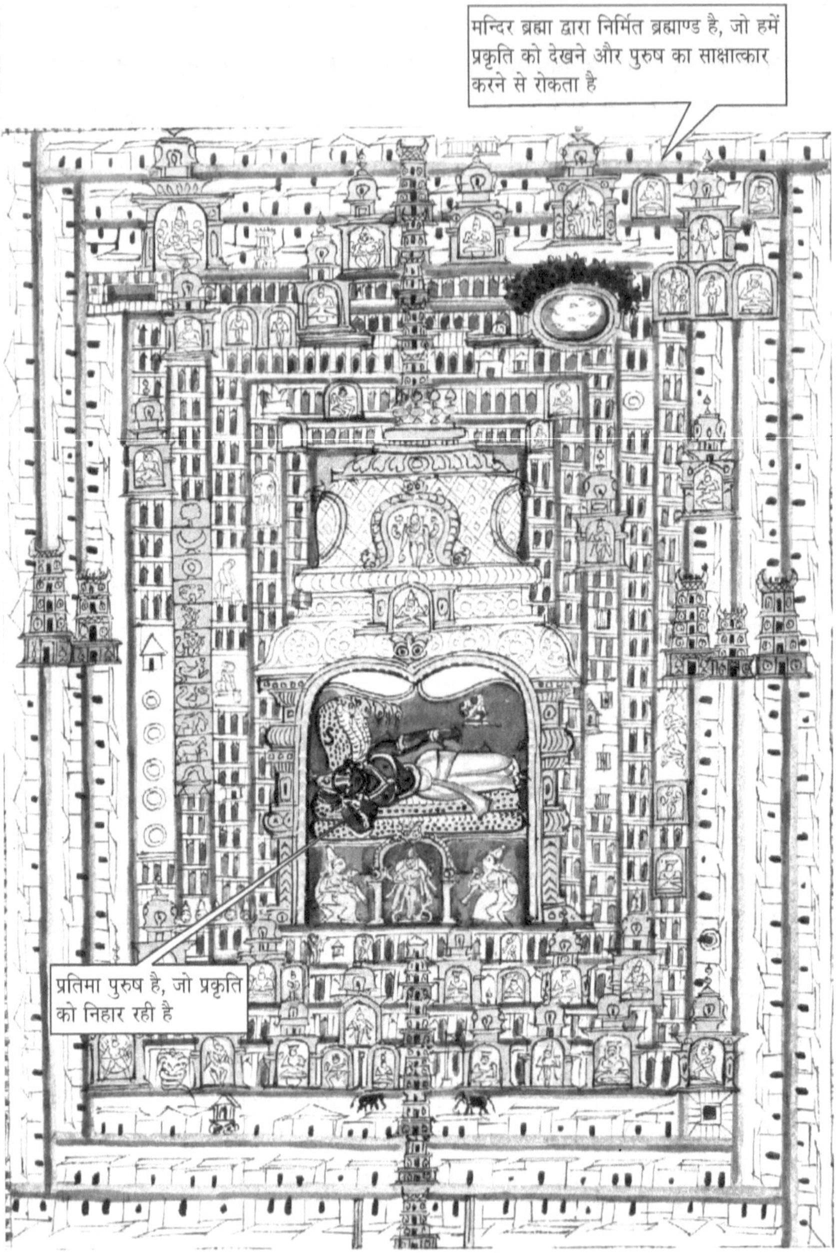

मन्दिर में रंगनाथ का चित्र–मैसूर कला

विष्णु के सात रहस्य

वस्तुपरक तथ्य यह है कि प्रकृति मनुष्य को अन्य जीवों से भिन्न नहीं मानती, वह उन्हें भी जीवित रहने के लिए उपयोगी शक्तियां तथा बुद्धि प्रदान करती है। परन्तु आत्मपरक तथ्य यह है कि वह अन्य सब जीवों से भिन्न है—उसमें कल्पना है जिसकी सहायता से वह प्रकृति का अपने लिए उपयोग कर सकता है और संस्कृति का निर्माण करता है। और यह संस्कृति, जिसकी कल्पना तथा निर्माण मनुष्य द्वारा माया की सहायता से होता है और इसी को ब्रह्माण्ड कहते हैं।

माया के बिना मनुष्य प्रकृति की दया पर निर्भर करता है, परन्तु माया के सहयोग से वह प्रकृति पर अधिकार करके संस्कृति का निर्माण करता है। इस प्रकार माया मनुष्य को पशु की स्थिति से ऊपर उठाती है। अब जीवन केवल खा-पीकर जीवित बने रहने का नाम नहीं रहता, उसे अर्थ प्राप्त होता है। अर्थ प्राप्त करने के उद्देश्य से वह कर्म करने में प्रवृत्त होता है, इस शब्द की मूल धातु 'कृ' है। 'कृ' का अर्थ है करना। इस प्रक्रिया में वह समाज का निर्माण करता है। इस प्रकार ब्रह्मा निर्माता बन जाता है।

जब विष्णु गहरी नींद में सो रहे होते हैं, उन्हें प्रकृति का अहसास नहीं होता। परन्तु इससे प्रकृति का अस्तित्व समाप्त नहीं हो जाता। सिर्फ उसकी अनुभूति नहीं होती। इस स्थिति को योग निद्रा कहा गया है। यह इसी प्रकार है जैसे हम सोते समय बाहर की किसी बात का अनुभव नहीं करते, अपना नाम भी हमें याद नहीं रहता और दुनिया में क्या हो रहा है, इसका भी कोई ज्ञान नहीं होता। व्यावहारिक दृष्टि से कहा जा सकता है कि हमारी आत्मपरक स्थिति की सत्ता नहीं रही। यह स्थिति या ब्रह्माण्ड हमारे जागने पर ही फिर उत्पन्न हो जाता है, जब शेषनाग आदि में परिवर्तित हो जाता है।

जागने पर विष्णु ब्रह्मा की ही भाँति प्रकृति को देखते हैं। परन्तु ब्रह्मा के विपरीत, वे प्रकृति से भयभीत नहीं होते। विष्णु को किसी प्रकार का कोई डर नहीं लगता। उन्हें प्रकृति को समझने के लिए किसी पैमाने की आवश्यकता नहीं होती। वे प्रकृति को उसके वास्तविक रूप में देखते हैं, माया की सहायता के बिना, क्योंकि वे जानते हैं, कि वे ब्रह्म हैं। ब्रह्मा को प्रकृति का साथ स्वीकार

विष्णु तथा उनकी सहगमिनी योगमाया का चित्र—दक्षिण भारतीय कला

 विष्णु के सात रहस्य

करने के लिए माया की आवश्यकता होती है, विष्णु को नहीं होती। इस प्रकार ब्रह्मा माया के गुलाम हैं, परन्तु विष्णु उसके स्वामी हैं। ब्रह्मा को सत्ता का अनुभव करने के लिए आत्मपरक सच्चाई का निर्माण करना पड़ता है, परन्तु विष्णु को इसकी कोई आवश्यकता नहीं होती।

ब्रह्मा के लिए माया महामाया की तरह है, वे उससे प्रभावित हैं। विष्णु के लिए माया योग माया है, वे उस पर शासन करते हैं। इसीलिए विष्णु को मायी, भ्रमित करने वाला कहा जाता है।

विष्णु यदि चाहें तो वे माया के साथ जुड़ सकते हैं। वे अवतार लेकर यह कर सकते हैं। वे राम या कृष्ण बनकर दुनिया में आ सकते हैं। राम और कृष्ण दोनों को अन्य मनुष्यों की भाँति जन्म और मृत्यु को स्वीकार करना पड़ता है, परन्तु जाग्रत आत्माएँ होने के कारण उन्हें माया से डर नहीं लगता। दोनों जानते हैं कि वे विष्णु हैं, और उनका अस्तित्व किसी पैमाने अथवा आत्मपरक सत्य पर निर्भर नहीं है।

इस प्रकार विष्णु के माया से तीन प्रकार से सम्बन्ध हैं। नारायण के रूप में वे माया को नहीं जानते। विष्णु के रूप में वे माया के प्रति सचेत हैं, परन्तु उसके प्रभाव को स्वीकार नहीं करते और राम या कृष्ण के रूप में अवतार लेकर वे आत्मपरक सत्य को स्वीकार कर लेते हैं तथा इच्छापूर्वक माया की अधीनता स्वीकार कर लेते हैं, परन्तु उस पर निर्भर नहीं होते।

माया से सम्बन्ध स्थापित कर विष्णु ब्रह्मा के लिए प्राप्य हो जाते हैं। राम और कृष्ण के रूप में वे किसी को खुश करते हैं और किसी को दुखी; वे जीवन के क्रियाकलाप में सम्मिलित होते हैं, प्यार करते हैं, लड़ते हैं, और जीवात्मा को अपनी ओर आकृष्ट करते हैं। व्यवहार का यह संसार रंगभूमि होता है, जहाँ व्यक्ति आध्यात्मिक सत्य से दो-चार होता है। इस व्यवहार जगत में विष्णु मोहन-भ्रम में डालने वाले तथा मोहिनी आकृष्ट करने वाली का रोल अदा करते हैं।

व्यास के पुत्र शुक की यह कहानी है। गर्भ के दस महीने बीतने के पश्चात् भी शुक ने माता के उदर से बाहर निकलने से इन्कार कर दिया।

शुक मुनि, व्यास के
तोता मुख पुत्र—कैलेन्डर कला

मनमोहन, मन को बाँधने वाले, कृष्ण की प्रतिमा

उनके पिता बारह वर्ष तक उनसे बाहर आने की प्रार्थना करते रहे, तब उन्होंने जन्म लेना स्वीकार किया—लेकिन उसका कारण यह नहीं था कि वे सांसारिक जीवन का अनुभव लेना चाहते थे, बल्कि इसलिए क्योंकि वे अपनी माँ को और अधिक कष्ट नहीं देना चाहते थे।

परन्तु जन्म लेने के बाद वे धरती पर नहीं आए, बल्कि उन्होंने आसमान में उठना शुरू कर दिया। उन्हें महामाया से जुड़ने में और आत्मपरक सत्य को स्वीकार करने में कोई सार्थकता नहीं प्रतीत हुई। जब वे माँ के पेट में थे तब उन्होंने पिता के मुँह से वेद मंत्र सुने थे। इसलिए वे महामाया तथा योग माया के बीच का अन्तर जान गए थे। उन्हें अपना ब्रह्माण्ड निर्मित करने में रुचि नहीं थी, उन्हें प्रकृति का सत्य पसन्द था। वे सीमित सत्यों से नाता नहीं जोड़ना चाहते थे, उनकी रुचि अनन्त सत्य में थी। इसका अर्थ था ऊपर उठकर विष्णु के निवास तक पहुँचना, और उनके साथ एक हो जाना।

शुक ऊपर उठे तो उनके पिता चिल्लाये, 'बेटा, कहाँ जा रहे हो, वापस आओ, वापस आओ। लेकिन शुक्र ने पीछे मुड़कर नहीं देखा। तब व्यास ने कृष्ण के सौंदर्य का बखान शुरू कर दिया। उनके कमल समान पैर, घुंघराले बाल, मनोहर नेत्र, रहस्यमय मुस्कान, सिर पर लगा मोर पंख, लंबी शरीर यष्टि पर चंदन का लेप, चौड़े सीने पर बालों का गुच्छा, लम्बी टाँगों पर पीला रेशमी वस्त्र, गले में जंगली फूलों की माला, कानों में लटकते बुंदे...।

यह विवरण इतना आकर्षक था कि शुक उसे पूरा सुनने के लिए पृथ्वी और आसमान के बीचो-बीच रुक कर खड़े हो गए। विवरण खत्म नहीं हो रहा था और उनमें कृष्ण को देखने की इच्छा उत्पन्न हो गई—अब उन्हें जीवन के बन्धन का भय भी नहीं रहा। वे मंत्र मुग्ध थे। इसके लिए वे महामाया को आत्म समर्पण करने के लिए तैयार हो गए—क्योंकि इसके सिवा कोई उपाय ही नहीं था। एक सीमित, और चारों तरफ से नापी जा सकने वाली दुनिया में ही इस सौंदर्य का आनन्द उठाया जा सकता था। ब्रह्माण्ड की यह उपयोगिता थी। कृष्ण आत्मपरक सच्चाई में ही व्यक्त होते थे।

बहुमुखी ब्रह्मा की मन्दिर की दीवार पर बनी प्रतिमा–बेलुड़, कर्नाटक

 विष्णु के सात रहस्य

ब्रह्मा ने प्रकृति के साथ सम्बन्ध स्थापित करने के लिए कई पुत्र उत्पन्न किये, जिससे वे ब्रह्म की प्राप्ति कर सकें। उन्होंने अपने पुत्रों को विवाह करने के लिए भी प्रेरित किया।

भौतिक सच्चाई के साथ सम्बन्धित होने के लिए विवाह एक दार्शनिक उपमा है। इससे ब्रह्माण्ड का निर्माण होता है। ब्रह्मा और उनके पुत्र विवाह के द्वारा ही राम और कृष्ण को प्राप्त कर सकते हैं और उनके माध्यम से विष्णु तक पहुँचकर अंत में नारायण को सिद्ध कर सकते हैं। इस तरह आध्यात्मिक सत्य की उपलब्धि के लिए विवाह आवश्यक है।

ब्रह्मा के पुत्रों में एक नारद भी थे। उन्होंने विवाह करने से इन्कार कर दिया। वे भौतिक जगत के साथ कोई सम्बन्ध नहीं बनाना चाहते थे। शुक की तरह उन्हें भी नारायण का लोक पसन्द था, जहाँ देशकाल की सत्ता नहीं है, जहाँ माया अपना जाल नहीं बिछा सकती। उन्होंने अपने लिए ही यह मार्ग नहीं चुना, ब्रह्मा के अन्य पुत्रों को भी अविवाहित रहने के लिए उकसाया। उन्हें प्रकृति से जुड़ने में कोई सार्थकता नहीं लगती थी। उनकी समझ में नहीं आता था कि ब्रह्माण्ड का निर्माण क्यों किया जाए।

ब्रह्मा के कई बेटे नारद की बात मानने को तैयार हो गए। उन्होंने भी विवाह करने से इन्कार कर दिया। यह कई दफा हुआ तो ब्रह्मा नाराज़ हो उठे और उन्होंने नारद को शाप दिया, तुम जब तक माया की महत्ता नहीं समझोगे, तब तक इस भौतिक दुनिया में ही फँसे रहोगे।

नारद अब विष्णु के पास गए और पूछने लगे कि यह माया क्या है? विष्णु ने कहा, 'तुम पहले मेरी प्यास बुझाओ, तब मैं तुम्हारे सवाल का उत्तर दूँगा।'

नारद जल लाने नदी के तट पर पहुँचे। वे पानी भर ही रहे थे कि उन्हें एक सुन्दर कन्या दिखाई दी। वे उससे इतने आकृष्ट हुए कि उसका पीछा करते-करते उसके गाँव तक जा पहुँचे और उसके पिता से उसका हाथ माँगने लगे। पिता तैयार हो गए और उन्होंने दोनों का विवाह कर दिया। बहुत जल्द नारद पिता बन गए, फिर बाबा बने और परबाबा भी बन बैठे। अब उन्हें बड़े सन्तोष का अनुभव हो रहा था। एक दिन अचानक बरसात होने लगी।

नारद, अपनी वीणा बजाते हुए—आधुनिक लोकप्रिय चित्र

    विष्णु के सात रहस्य

वह रुकने का नाम ही नहीं ले रही थी। नदी में बाढ़ आ गई और वह चारों तरफ बहने लगी। पानी नारद के घर में भी घुस गया और देखते-देखते उनकी पत्नी, बच्चे, पोते और पड़पोतों को भी बहा ले गयी। फिर पानी उन्हें भी खींचने लगा तो वे चीखने-चिल्लाने लगे। तभी अचानक उन्हें किसी ने खींच लिया, उन्होंने देखा कि वे बैकुंठ में विष्णु के सामने खड़े हैं।

विष्णु बोले, 'अरे नारद, मेरा पानी कहाँ है, मैं तो बहुत प्यासा हूँ।' नारद समझ ही नहीं पाये। वे सोच रहे थे कि उनकी पत्नी, बच्चे, गाँव और वह नदी कहाँ गई। उन्हें दुख सताने लगा था।

विष्णु ने मुस्कराकर पूछा, 'नारद, यह दुख और दर्द कहाँ से आता है? मैं तो सोचता था कि मेरे लिए पानी लाने चले, उससे पहले तुम्हें माया का ज्ञान प्राप्त हो चुका होगा।'

नारद ने सिर झुका दिया। वे माया को जानते तो थे, पर उसका अनुभव कभी नहीं किया था। ब्रह्मा इसीलिए अपने बेटों को विवाह की प्रेरणा देते थे कि वे माया का अनुभव कर सकें। जब तक व्यक्ति स्वयं माया का अनुभव नहीं करता, तब तक वह माया में फँसे दूसरे लोगों का कष्ट कैसे समझ सकता है?

विष्णु बोले, 'तुम नाप-तौल करने वाली तराजुओं और आत्मपरक सच्चाइयों को जानते थे। परन्तु जैसे ही तुम्हें भौतिक सुखों का अनुभव हुआ—घर परिवार, बच्चे, गाँव, इन सबका, तुम यह सब भूल गए। माया और ब्रह्माण्ड के ज्ञान से तुम जीवन के सुख दुख को समझ सकते थे, पर यह नहीं हुआ। यही है माया का जाल! अब चूँकि तुम माया को समझ गए हो, मैं चाहता हूँ तुम वापस जाओ और लोगों से मिलो-जुलो, उनकी तराजुओं और पैमानों को झकझोरो, उनकी आत्मपरक सच्चाइयों को चुनौती दो, जब तक वे यह न जान लें कि माया से निकलने का अकेला उपाय भौतिक, सच्चाइयों से बाहर ही प्राप्त होता है। मैं चाहता हूँ कि तुम उन्हें भी इस आध्यात्मिक पथ पर चलने को विवश करो।'

इसीलिए हिन्दू पुराण-कथाओं में नारद को झगड़े कराने वाला बताया गया है। वे सुख से चल रही भौतिक दुनिया में असन्तुलन पैदा करते हैं, एक

कृष्ण को तौला जा रहा है–बंगाल की काष्ठ कला

से दूसरे की तुलना करके और गप-शप के द्वारा लड़ाई-झगड़े कराते हैं।

एक दफा वे कृष्ण के घर जा पहुँचे। कृष्ण की पत्नियों ने उन्हें एक भेंट देनी चाही। उन्होंने कहा, 'मुझे तो कृष्ण ही चाहिए, तुम लोग मुझे उन्हीं को दो।' पत्नियाँ उनकी यह अद्भुत माँग सुनकर चकित रह गईं और वे इसे पूरी करने में आनाकानी करने लगीं। नारद ने कहा, 'ठीक है, इसके बदले में हमें कृष्ण के वज़न के बराबर कोई चीज दो।' अब उनका वज़न करने के लिए एक तराजू मँगाई, और उसके एक पलड़े में कृष्ण को बिठा दिया गया। दूसरे पलड़े में उनकी एक पत्नी सत्यभामा ने अपने सारे गहने उतारकर रख दिये और घर का सारा सोना भी उसके साथ रख दिया। इनका वजन बहुत ज़्यादा था लेकिन कृष्ण का पलड़ा ही भारी बना रहा। इसका अर्थ यह था कि सोने चाँदी का वज़न भावना के वज़न से हमेशा कम ही होता है। अब उनकी दूसरी पत्नी रुक्मिणी ने आँगन में लगे तुलसी के पौधे से उसकी एक पत्ती तोड़कर सोने के ऊपर रख दी, देखते-ही-देखते पलड़ा नीचे आ गया और कृष्ण वाला पलड़ा ऊपर उठ आया। अब साबित हो गया कि सोने-चाँदी से प्रेम की भावना का वज़न ज़्यादा होता है। प्रेम से व्यक्ति को सुख प्राप्त होता है, धन संपत्ति से नहीं। इस प्रकार नारद की चतुराई ने कृष्ण के परिवार में भी ज्ञान की रोशनी जला दी।

नारद जहाँ भी जाते हैं, दो कार्य करते हैं : वे लोगों के बीच झगड़ा पैदा करते हैं, फिर कहते हैं, 'नारायण, नारायण'। भौतिक वस्तुओं और उनकी नाप-तौल करने से झगड़े होते हैं, इसलिए इन्हें माया की श्रेणी में रखा जाता है। ज़्यादातर लोग झगड़ों में उलझ जाते हैं और इसके बाद कहे गए 'नारायण, नारायण' पर ध्यान नहीं देते। जो ध्यान देते हैं, वे इसकी शक्ति को प्राप्त करते हैं, जो माया के प्रति आसक्त नहीं है। नारायण माया से मुक्त हैं। इससे शांति मिलती है, ब्रह्म का ज्ञान होता है और विष्णु के स्वर्ग, बैकुंठ में प्रवेश मिलता है।

पुराणों की अनेक कथाओं में ब्रह्मा अपने ब्रह्माण्ड से बैकुंठ की यात्रा करते नहीं दिखाये जाते। उन्होंने मान लिया है कि उनकी आत्मपरक सच्चाई ही

आंगन में लगी तुलसी के पौधे

वस्तुपरक सच्चाई है। इसी से वे संसार पर नियन्त्रण करने का प्रयत्न करते हैं। सुख तथा दुख के पार देखने के स्थान पर वे सुख बढ़ाने और दुख घटाने का प्रयत्न करते हैं। यह उनका भ्रम है जिसमें वे उलझ जाते हैं। भौतिक संसार उनके लिए माध्यम नहीं रहता, यह उनका लक्ष्य बन जाता है। ब्रह्मा सत्य के अपने विचार को बनाये रखने में ही सारा जीवन लगा देते हैं। वे अपने पैमाने की रक्षा करने के लिए अपनी सारी शक्ति लगा देते हैं।

ब्रह्मा यह भी भूल जाते हैं कि ब्रह्माण्ड उन्हीं का बनाया है। वे भूल जाते हैं कि प्रकृति उनकी माँ है। लेकिन वे उस पर नियन्त्रण करना चाहते हैं, उसे अपनी इच्छानुसार चलाना चाहते हैं, उसे अपने इशारों पर नचाना चाहते हैं। परन्तु प्रकृति पर नियन्त्रण कर पाना उनके वश की बात नहीं है। कहानी है कि ब्रह्मा शतरूपा को अपना गुलाम बनाना चाहते हैं, अर्थात् ब्रह्माण्ड पर अपना नियन्त्रण स्थापित करना चाहते हैं, परन्तु देवी उनका परित्याग कर देती है।

अब ब्रह्मा उसके पीछे भागते हैं, और उस पर अधिकार करने का प्रयत्न करते हैं। इसका कोई फल नहीं होता, परन्तु वे इसे छोड़ने को तैयार नहीं होते। ब्रह्मा माया के प्रभाव में ब्रह्माण्ड का पीछा करते हैं, और यह कार्य अज्ञानी मनुष्य के कार्य की तरह है, जो भौतिक जगत पर नियंत्रण करने का प्रयत्न करता है, अपने इर्द-गिर्द के समस्त कार्य कलाप को अपनी इच्छाओं के अनुसार चलाना चाहता है। यह ब्रह्मा है, जिन्होंने सब प्रकार की नाप-तौल को जन्म दिया है, सब आत्मपरक सच्चाइयों का स्वीकृति दी है, और जिनकी पूजा नहीं की जाती।

इस दबाव के परिणामस्वरूप ब्रह्मा के कई सिर निकल आते हैं। उनके सिरों की यह वृद्धि मानव चेतना के क्रमशः ह्रास की सूचक है, जो कायदे-कानूनों और पूर्वाग्रहों के बढ़ते हुए प्रभाव के कारण होता है। अंत में ब्रह्मा के एक पाँचवा सिर भी निकल आता है, जो उनकी अपने बारे में समझ, कि वे क्या हैं, का परिचायक है। यह ब्रह्मा की आत्म-छवि है। यह उनके ही द्वारा निर्मित संसार में अपना महत्त्व स्थापित करने की चेष्टा है। इसे कई दफा 'अहं' भी कहा गया है, और शिव उनका यह पाँचवाँ सिर काट डालते हैं। इस प्रकार शिव भौतिक सच्चाई के प्रति ब्रह्मा के लगाव का विरोध करते हैं। इसलिए

शिव और विष्णु की संयुक्त प्रस्तर मूर्ति—हर-हरि

शिव को 'कापालिक' भी कहा जाता है, सिर काटने वाला देवता। शिव भैरव भी हैं, भय के नाशक। वे ब्रह्मा को भय से मुक्त करते हैं। परन्तु वे यहाँ बस नहीं करते। वे विष्णु की नाभि से उत्पन्न होने वाले कमल के खिलने की प्रक्रिया पर भी रोक लगाते हैं।

सिर के बिना ब्रह्मा का प्रकृति को देखना बंद हो जाता है। उनमें न कल्पना शेष रहती है, न नापतौल का पैमाना रहता है, और न आत्मपरक सच्चाई ही शेष रहती है। कर्म मात्र समाप्त हो जाता है। प्रगति रुक जाती है। कहीं कुछ भी नहीं रहता। नारायण की स्वप्न विहीन निद्रा की स्थिति उत्पन्न हो जाती है। अब केवल शेष, शून्य बचता है। जड़ता की स्थिति उत्पन्न हो जाती है, कहीं कुछ हलचल नहीं, कोई ध्वनि भी नहीं, केवल शांति।

आध्यात्मिक सत्य के तीन पक्ष हैं : ब्रह्मा, विष्णु और शिव। ये तीनों पक्ष भौतिक सत्य के साथ अपने-अपने ढंग से सम्बन्ध स्थापित करते हैं। ब्रह्मा आध्यात्मिक सत्य है जो भौतिक सत्य के भीतर से अपने को जानने का प्रयत्न करता है। ब्रह्मा इसके लिए नापतौल के पैमाने और आत्मपरक सचाई का निर्माण करता है और उनके द्वारा आत्म-साक्षात्कार का प्रयत्न करता है, परन्तु वह उसके साथ लगाव महसूस करने लगता है। विष्णु भौतिक सच्चाई का उपयोग करके ब्रह्मा की मुक्ति में सहायक होते हैं और शिव इस जगत को अस्वीकार करके ब्रह्मा की मुक्ति में सहायता करते हैं।

विष्णु की विधि को प्रवृत्ति-मार्ग कहते हैं यानी बाहरी कार्यों को महत्त्व देना और शिव के मार्ग को निवृत्ति-मार्ग, यानी भीतर की ओर देखने का मार्ग कहते हैं। विष्णु माया के साथ खेलते हैं और उसे अपने ऊपर हावी नहीं होने देते, और शिव उसका पूरी तरह बहिष्कार करते हैं। इस तरह विष्णु देवत्व का ज़्यादा सामाजिक रूप हैं, वे राजा भी हैं और योद्धा भी हैं और प्रेमी भी हैं; जबकि शिव देवत्व के तपस्वी स्वरूप हैं, जो दुनिया की हर वस्तु के प्रति आँख बन्द रखते हैं।

शिव भौतिक जगत के प्रति आँखें बन्द रखते हैं। वे प्रकृति के साथ

आकर्षक मोहिनी का भित्ति-चित्र–केरल से प्राप्त

सम्बन्ध बनाने से इन्कार करते हैं। धार्मिक साहित्य में कहा गया है कि वे सब ताप अपने भीतर जमा रखते हैं जिसके कारण वे अग्नि का स्तम्भ बन जाते हैं। उनके इर्द-गिर्द कोई गति नहीं होती, न कुछ बहता है। पानी बर्फ बन जाता है। हर वस्तु शान्त हो जाती है। संसार का जीवन समाप्त हो जाता है। जब प्रेम का देवता, कामदेव उनको जगाने के लिए अपना बाण छोड़ता है, तो वे अपना नेत्र खोल देते हैं, जिसमें से अग्नि की लपट निकल कर उसे भस्म कर देती है।

शिव के लिए आवश्यक है कि वे भौतिक सच्चाई के प्रति अपनी आँख खोलें। इसलिए उन्हें मोहित करने की ज़रूरत होती है। यह कार्य सम्पन्न करने के लिए विष्णु मोहिनी का रूप धारण करके उनके सामने नृत्य करते हैं। शिव को आँखें खोलनी पड़ती हैं। लेकिन वे पहचान जाते हैं कि ये विष्णु हैं। ये भौतिक सच्चाई से लिपटी आध्यात्मिक सच्चाई हैं। ये विष्णु हैं जो प्रकृति और माया से खेल रहे हैं। ये विष्णु हैं और इनका देश-काल तथा आत्मपरक सत्य पर सम्पूर्ण नियन्त्रण है। ये ब्रह्म में स्थिर हैं और आध्यात्मिक सत्य को ये अपने क्रीड़ा क्षेत्र में, रंगभूमि में, प्रवेश करने का नियन्त्रण दे रही हैं, जिससे वे भौतिक सच्चाई की लीला में शामिल हो सकें।

2. मत्स्य का रहस्य

केवल मनुष्य में ही समभाग और
उपयोग करने की क्षमता है

विष्णु का तिलक लगाये संत

मन्दिर के प्रवेश द्वार पर प्रतिमा

विष्णु का पवित्र चिह्न हमेशा मनुष्य के सबसे ऊँचे स्थल, मस्तक पर लगाया जाता है—सम्भवतः इसका कारण उस तथ्य की ओर ध्यान दिलाना है कि मनुष्य का बड़ा मस्तिष्क उसको पशुओं से अलग करता है।

यह बड़ा मस्तिष्क और विशेषतः इसका सामने का भाग, उन्हें कल्पना की शक्ति प्रदान करता है। कल्पना की सहायता से हम एक ऐसी दुनिया को रूप देने में सफल होते हैं, जो प्रकृति की दया पर निर्भर नहीं है। कल्पना हमें प्रेरणा देती है। वह हमें, जो हम सोचते हैं, उसे करने की तरफ मोड़ती हैं। हम प्रकृति के बारे में जानने की कोशिश करते हैं और उस पर नियन्त्रण करने या उसका सुधार करने की ओर प्रवृत्त होते हैं। हम नई तकनीकियों को ईजाद करते हैं, जिनकी सहायता से हम जीवित बने रहने से आगे की बात सोच सकते हैं। दूसरे शब्दों में कहें, तो इस बड़े मस्तिष्क की सहायता से हम संस्कृति का विकास करने के लिए विवश होते हैं।

यह बढ़ा हुआ मस्तिष्क हमें पशु से पुरुष या मनुष्य बना देता है। यह ब्रह्मा का निर्माण करता है, जो ब्रह्म की ओर उन्मुख हैं। हमारा बढ़ा हुआ मस्तिष्क आध्यात्मिक सत्य का भौतिक व्यक्तिकरण है। यह विष्णु से उत्पन्न होता है, जिससे हम विष्णु तक पहुँच सकते हैं।

मनुष्य को कल्पना करने की शक्ति प्राप्त है, जिसे 'मन' का नाम दिया गया है, इसलिए उन्हें 'मानव' कहते हैं। पहले मनुष्य का नाम 'मनु' था। विष्णु सम्बन्धी कथाओं की पहली कथा में ही बताया गया है कि उन्होंने मत्स्य या मछली का रूप धारण कर किस प्रकार मनु से सम्बन्ध स्थापित किया।

मनु एक दिन जब नदी में खड़े पूजन कर रहे होते हैं, तब एक मछली उनके पास आकर कहती है कि मुझे इन बड़ी मछलियाँ से बचाओ, तो मैं भी कभी तुम्हारी रक्षा करूँगी। मछली की यह प्रार्थना हमें तब तक महत्त्वहीन लग सकती है, जब तक हमें यह पता नहीं चलता कि, हिन्दू धर्म-परम्परा में बड़ी मछली छोटी मछली को खा जाती है, की धारणा को 'मत्स्य न्याय' का नाम दिया गया है—यानी मछलियों का कानून, जो जंगल का कानून है।

विष्णु मनुष्य जाति से संपर्क स्थापित करने के लिए मछली का रूप धर लेते हैं, यह साधारण बात नहीं है। यह जंगल के कानून की तरफ लोगों

विष्णु का मत्स्य अवतार–मैसूर चित्र

     विष्णु के सात रहस्य

का ध्यान खींचने के लिए विशेष रूप से किया गया है—क्योंकि मनुष्य ही इस जंगल के कानून को उलट सकते हैं।

जंगल के कोई नियम-कानून नहीं होते। इसमें वही जीवित रहता है, जिसमें इसकी क्षमता है, यानी जिसमें इतनी शक्ति है। यहाँ शक्ति का तात्पर्य केवल शारीरिक शक्ति से ही नहीं है, बुद्धि की शक्ति से भी है। जीवित रह पाने के लिए व्यक्ति जिस प्रकार भी चाहे अपनी शारीरिक शक्ति और बौद्धिक चतुराई का उपयोग कर सकता है। यहाँ कुछ सही या गलत नहीं होता। कोई व्यवहार उपयुक्त या अनुपयुक्त नहीं होता। अपनी रक्षा के लिए जो भी आवश्यक हो किया जाता है। बकरी को हरी ताज़ी घास खाने का अधिकार है। इसी तरह शेर बकरी को खा सकता है। शेर घायल हो जाय तो उसे अपनी देखभाल करने के लिए छोड़ दिया जाता है। आसमान में उड़ते बाज़ को यह अधिकार प्राप्त है, कि ज़मीन पर साँप अपने अण्डे दे रहा हो, तो वह झपटा मारकर नीचे आए और उसे खा जाय। कबूतर अण्डे दे रहा हो, तभी लकड़बग्गा उस पर हमला कर सकता है। मनुष्य यह सब देखकर पशुओं को क्रूर तथा संवेदनाहीन मान सकते हैं, परन्तु पशु अपने बारे में यह नहीं सोचते। उनके सब कार्य जीवित बने रहने की आवश्यकता से ही संचालित होते हैं। वे अपने कार्यों के औचित्य या अनौचित्य का विवेचन नहीं कर सकते। सत्य यह है कि वे कोई विवेचन कर ही नहीं सकते, क्योंकि उन्हें यह क्षमता प्राप्त नहीं है।

जीवित प्राणियों में मनुष्य ही, ऐसी दुनिया की कल्पना कर सकते हैं, जिसमें शक्ति ही सब कुछ नहीं है। जहाँ शेर और बकरी मिल-जुलकर रह सकते हैं, बाज और साँप मित्र हो सकते हैं। इस कल्पना के कारण ही स्वर्ग का विचार पैदा हुआ है—जहाँ सब कुछ पूर्ण है। पूर्णता के इस स्वर्ग का निर्माण करने की इच्छा ही मनुष्य को संस्कृति का विकास करने की प्रेरणा देती है।

मनु वह कार्य करते हैं, जिसे और कोई प्राणी कर नहीं सकता। वे छोटी-सी मछली की पुकार सुनते हैं, उसे अंजलि में उठाते हैं और एक छोटे से बर्तन में रख देते हैं। दूसरे शब्दों में कहें, तो वे प्रकृति में हस्तक्षेप करते हैं। इस हस्तक्षेप की जड़ें संवेदना में हैं। मनु बेचारी मछली के भय को समझ लेते

विष्णु के प्रथम अवतार, मत्स्य, का मैसूर से प्राप्त चित्र

हैं और उस भय को दूर करने के लिए कुछ करते हैं। मनु की उपस्थिति प्रकृति को बदलती है। जिस छोटे से पात्र में वे मछली को रखते हैं, वह संस्कृति का प्रतीक है। यह मनुष्य द्वारा किया निर्माण है, जिसमें बेचारी-छोटी मछली बड़ी मछली से सुरक्षित है।

यह वह भावना और क्रिया है, जिससे मनुष्य समाज की रचना करता है। यह ऐसी दुनिया है जिसमें जंगल के कानून को चुनौती दी जाती है, जिसमें शक्तिशाली व्यक्ति दुर्बल की रक्षा करता है, जिसमें शक्तिशाली दुर्बल को अवसर प्रदान करता है। जो विचार इस सुरक्षित संसार की रचना करता है, उसे 'धर्म' कहा गया है—जो 'धृ' धातु से बना शब्द है, जिसका अर्थ है 'सुरक्षित करना' या 'बाँधना'।

इस तरह 'धर्म' हमारे द्वारा बनाया हुआ शब्द है। कहा जा सकता है कि धर्म मनुष्य का सहज, प्राकृतिक कर्म है। मत्स्य-न्याय को उलटने के कार्य को ही 'पुरुष+अर्थ=पुरुषार्थ कहा गया है, जो मानवी अस्तित्व की वैधता है। इसी उद्देश्य के लिए मनुष्य को उत्पन्न किया गया। जब तक हम जंगल के कानून का पालन करेंगे, तब तक हम 'पशु' ही बने रहेंगे। जब हम इससे ऊपर उठकर धर्म की स्थापना करने में प्रवृत्त होंगे, हम पुरुष या मनुष्य बन सकेंगे।

मनु जिस पात्र में मछली को रखते हैं, वह उनकी सम्पत्ति है, जिसे उन्होंने मछली को दिया है। संपत्ति की धारणा से हमें याद आता है कि मनु अब भी पशु हैं और प्रदेश की धारणा पर विश्वास करते हैं।

प्रकृति में पशुओं का अपना प्रदेश होता है। वे पेशाब करके उसकी सीमा निश्चित कर देते हैं। इससे पता चलता है कि इतनी भूमि में उत्पन्न वस्तुएँ उनके भोजन के लिए पर्याप्त हैं। इससे यह भी निश्चित होता है कि यहाँ वह अपनी मादा से सन्तान उत्पन्न करके अपनी परम्परा को चलाने का भी अधिकारी है। पशु के जीवन के लिए प्रदेश आवश्यक है। यदि कोई और पशु इस प्रदेश में प्रवेश करना चाहे, तो उसे वहाँ के निवासी पशु का सामना करना पड़ेगा। और जंगल के कानून के अनुसार यह सामना हिंसक ही होगा।

परन्तु प्रदेश सम्बन्धी मनुष्य की धारणा पशु की प्रदेश-धारणा से भिन्न है। प्रदेश का उत्तराधिकार नहीं दिया जा सकता। उसे दान में भी नहीं दिया

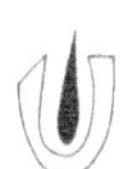

केरल से प्राप्त राजा का भित्ति-चित्र

जा सकता। इसके लिए लड़ना ज़रूरी होता है। कोई नियम कानून इसकी रक्षा नहीं करते। प्रदेश के बिना पशुओं का जीवित बने रहना असम्भव होता है।

परन्तु मानवी सम्पत्ति आवश्यकता पर निर्भर नहीं होती। एक छोर पर मानवी सम्पत्ति करुणा पर आधारित है—यानी ज़्यादा से ज़्यादा लोगों को सुविधा प्रदान करना, मछली की तरह ऐसों को भी जिनसे कोई सम्बन्ध नहीं है—मनु ने यही कार्य किया। यह करुणा संवेदना से उत्पन्न होती है—यानी दूसरों के भय को समझने की क्षमता। दूसरे छोर पर, मानवी सम्पत्ति लोभ पर आधारित है—कि अपने लिए ज़्यादा से ज़्यादा धन इकट्ठा किया जाय, भले ही उतने की आवश्यकता भी न हो। यह लोभ भी भय की ही उपज है, इस लोभ का आधार डर है। वह डर जो एक अभाव की कल्पना से पैदा होता है। इस लोभ के कारण हम धरती में संसाधनों का दोहन करते हैं। हम मनुष्यों का भी शोषण करते हैं। इस तरह मनुष्य की सम्पत्ति का मूल कल्पना में है। जब कल्पना से संवेदना उत्पन्न होती है, तब वह सम्पत्ति सर्वग्राही बन जाती है; यही धर्म है। ऐसी कल्पना की क्षमता मनुष्य के पास है।

पशु प्रदेश का अधिकार तभी छोड़ते हैं, जब उन्हें बल से हटाया जाता है, परन्तु मनुष्य अपनी इच्छा से भी उसका त्याग कर सकते हैं। 'रामायण' में इसको स्पष्ट किया गया है—राम की कथा जो, धरती पर विचरण करने वाले विष्णु के स्वरूप हैं।

'रामायण' में राक्षसों का राजा रावण अपने भाई कुबेर को, जो यक्षों के राजा है, और लंका पर अधिकार करना चाहते हैं, लंका से निकाल देता है। लेकिन इसके विपरीत राम अपने छोटे भाई भरत को अपने प्रदेश का राजा बनाने के लिए एकदम तैयार हैं। जब उनके पिता उनसे कहते हैं कि अपने भाई के पक्ष में अपना अधिकार छोड़ दो, तो वे तुरन्त 'अच्छा' कह देते हैं। इसलिए राम को धर्म का स्वरूप माना जाता है, और रावण को अधर्म का। राम अपनी मानवी विशेषता को व्यक्त करते हैं, जो उन्हें 'भगवान' बना देती है, और उनकी पूजा की जाती है, रावण इससे वंचित रहता है, इसलिए उसे राक्षस या दानव कहा जाता है, जिसका आदर नहीं किया जाना चाहिए।

बाली और सुग्रीव का युद्ध—मैसूर कला

पात्र में रखी मछली बड़ी होने लगती है और मनु उसे बड़े पात्र में रख देते हैं। लेकिन मछली का बड़ी होते जाना रुकता नहीं, वह बढ़ती ही चली जाती है, और मनु करुणा दिखाते हुए उसे और भी ज़्यादा बड़े पात्रों में रखते चले जाते हैं।

'रामायण' में दो बंदर प्रदेश के लिए झगड़ते हैं, जिसका नाम 'किष्किंधा' है। इनके नाम हैं बाली और सुग्रीव जो ऋक्ष के बेटे हैं। दोनों भाइयों को मिलकर एक साथ रहना चाहिए था, परन्तु किसी मतभेद के कारण बाली सुग्रीव को वहाँ से निकाल देता है। यही नहीं, बाली सुग्रीव की पत्नी रूमा पर भी ज़बरदस्ती कब्जा कर लेता है। जब विष्णु राम बनकर पृथ्वी पर आते हैं तो वे दोनों भाइयों के झगड़े में हस्तक्षेप करते हैं। जब दोनों लड़ रहे होते हैं, राम एक झाड़ी के पीछे छिपकर तीर चलाते हैं, और बाली का वध कर देते हैं। बाली इसका विरोध करता है, यह तो अधर्म है, तो राम उत्तर देते हैं कि जो जंगल में वहाँ के नियम से रहता है, उसे वहीं के नियम के अनुसार मरने को भी तैयार रहना चाहिए।

बाली को धर्म की दुहाई देने का अधिकार नहीं है, क्योंकि वह संपत्ति के बँटवारे में धार्मिक नियम का पालन नहीं करता। बाली ने सुग्रीव को संपत्ति में समान अधिकार न देकर और उसकी पत्नी को भी अपनी बनाकर, पशु जैसा व्यवहार किया है, इसलिए सुग्रीव को भी भाई की जान लेकर अपना बदला लेने का अधिकार है। अधर्म की दुनिया में जंगल का कानून ही मान्य हो सकता है।

बाली की मृत्यु के बाद सुग्रीव किष्किंधा के स्वामी हो जाते हैं। राम अब सुग्रीव से धर्म के मार्ग पर चलने का आह्वान करते हैं और कहते हैं कि बाली के बेटे अंगद को अपना उत्तराधिकारी नियुक्त करें। पशुओं की दुनिया में जब कोई बलवान पशु किसी को मार डालता है, तो वह उसके बच्चों को भी मार डालता है। परन्तु धर्म का आचार करुणा पर आधारित होना चाहिए। राम इसलिए सुग्रीव से आग्रह करते हैं कि भले ही बाली ने मत्स्य न्याय का पालन किया हो, उसे धर्म का पालन करना चाहिए। बाली ने किष्किंधा को अपना प्रदेश समझकर उसका बंटवारा करने से इन्कार किया, परन्तु सुग्रीव को इसे सम्पत्ति समझकर भाई के बेटे को उसका अधिकार देना चाहिए। इस

राजा शिबि बाज़ से कबूतर की रक्षा करते हुए—मुग़ल चित्र कला

    विष्णु के सात रहस्य

प्रकार राम का पात्र, जिसमें धर्म विद्यमान है, अब अयोध्या से आगे बढ़कर किष्किंधा तक फैल जाता है।

बड़े पात्र की आकांक्षा भावना तथा सन्तोष के अभाव का भी सूचक हो सकता है। जैसे-जैसे जंगलों में खेती आरम्भ करके उन्हें समाप्त किया जा रहा है और उन्हें समाज के विकास में लगाया जा रहा है, संस्कृति का विकास हो रहा है। मनुष्य के नियम कुछ को स्वीकार करते हैं और कुछ को अस्वीकार कर देते हैं, फिर भी जंगल की सीमाएँ घटती जा रही हैं। 'महाभारत' की इस कथा से यह तथ्य स्पष्ट है।

शिवि नामक राजा ने दया भाव से प्रेरित होकर एक कबूतर की एक बाज़ से रक्षा की। बाज़ ने राजा से पूछा, 'अब मैं क्या खाऊँ?' राजा ने कहा, किसी और कबूतर को खा लो। बाज़ ने ताना कसा, तुम इस कबूतर पर दया दिखाकर दूसरे का बलिदान क्यों कर रहे हो? यह तो अनुचित है। राजा ने कहा, 'तो तुम कोई चूहा या साँप खा लो।' 'इस कबूतर के लिए ये प्राणी अपनी जान क्यों दें?' इस प्रश्न का कोई उत्तर नहीं है।

कबूतर पर दया करके राजा बाज़ के प्रति क्रूर क्यों है? उसने कबूतर की तरफदारी की पर बाज़ की परवाह नहीं की। कबूतर की रक्षा क्यों की जाये? बाज़ को भूखा रहने के लिए क्यों छोड़ दिया जाये ये प्रश्न, जिनका कोई उत्तर नहीं है, मनुष्य समाज की रचना को चुनौती देते हैं।

मनुष्य स्वर्ग की कल्पना करके, जिसमें सब प्राणी सुरक्षित हैं, समाज की रचना करता है। परन्तु इस प्रक्रिया में वह एक ऐसी दुनिया का निर्माण करता है जिसमें कुछ लोगों को दूसरों से ज़्यादा सुविधाएँ प्राप्त हैं। इस प्रकार संस्कृति हमेशा अपूर्ण रहती है। दुनियावी जीवन का देवता होने के कारण विष्णु हमेशा इस तथ्य की ओर ध्यान आकृष्ट करते हैं, वे जानते हैं कि भौतिक सच्चाई को नियंत्रित करके संतोषजनक उत्तर प्राप्त नहीं किया जा सकता।

'महाभारत' में पांडव अपने चाचा द्वारा दिए गए जंगल पर एक नया शहर बसाना चाहते हैं। जंगल को जलाकर ही यह कार्य किया जा सकता है। कृष्ण के रूप में विष्णु उन्हें यह कार्य करने को प्रोत्साहित करते हैं। जंगल

बलराम–मैसूर से प्राप्त चित्र

बलराम और यमुना–पहाड़ी लघु चित्र

   विष्णु के सात रहस्य

जलने लगता है तो उसमें रहने वाले पशु-पक्षी अपनी जान बचाने के लिए इधर-उधर भागने लगते हैं, परन्तु कृष्ण के ही इशारे पर पांडवों के तीर उन्हें मारते चले जाते हैं। यह क्रूरता ही लगती है, जब तक कोई यह नहीं महसूस कर लेता कि जब तक जंगल नष्ट नहीं होगा, इसे बसाना सम्भव नहीं हो सकेगा। प्राकृतिक वातावरण का विनाश करके ही संस्कृति बनाई जा सकती है।

'भागवत पुराण' में कृष्ण के बड़े भाई बलराम, जो स्वयं भी विष्णु के एक रूप हैं, चाहते हैं कि यमुना उनके पास आए जिससे वे उसमें स्नान कर सकें, और उन्हें उसके पास न जाना पड़े। परन्तु देवी नदी उनके पास आने से इन्कार कर देती है। क्रुद्ध होकर बलराम उसके बाल पकड़कर उसे अपने पास आने के लिए विवश करते हैं। कुछ कथाओं में यह विवरण इस प्रकार दिया है कि वे अपने हल से उसे जकड़कर अपने पास लाते हैं। इस घटना का बहुत हिंसक वर्णन किया गया है और भौतिक सच्चाई को उसकी इच्छा के विरुद्ध दबाने की कोशिश की जाती है। यह कहानी नहरें बनाकर सिंचाई किए जाने की व्यवस्था की ओर संकेत करती है, जो प्राकृतिक नहीं है। इससे नदियों के किनारे नष्ट हो जाते हैं, जिससे उन पर निर्भर करनेवाले बहुत से पशुओं की ज़िन्दगी खतरे में पड़ जाती है।

मनु की प्रेरणा उत्तम हो सकती है, परन्तु वह केवल मछलियों की भलाई तक ही सीमित है। इसलिए जो सद्भाव किसी एक प्राणी या उसके समूह तक सीमित है, उसमें अन्य प्राणियों के प्रति सद्भाव का अभाव भी स्पष्ट होता है।

मनुष्य जाति में सब प्राणी सम्मिलित नहीं होते। पेड़-पौधे तथा पशु, यदि वे समाज के लिए उपयोगी नहीं हैं, तो वे इससे अलग रह जाते हैं। फसलें इसमें शामिल होती हैं, परन्तु झाड़-झंखाड़ नहीं होते। घरेलू जानवर इसके अंग होते हैं, परन्तु जंगली जानवर इससे अलग रहते हैं। जिन लोगों के विचार हमारे विचारों से मिलते हैं, वे शामिल माने जाते हैं, बाकी सब को दूर रखा जाता है। परन्तु समाज में हमेशा कोई न कोई उससे अलग ही रहेगा और इस अलगाव के लिए अन्त में बहुत बड़ी कीमत चुकानी पड़ती है।

मछली की पत्थर पर बनी आकृति

 विष्णु के सात रहस्य

इसलिए जल-पात्र में रखी मछली प्राप्त साधनों का उपयोग करते हुए बड़ी से बड़ी होती चली जाती है और मनु उसके लिए एक के बाद दूसरा अर्थात् पहले से बड़ा पात्र उपलब्ध करते चले जाते हैं। मनु कभी यह नहीं सोचते कि मछली अब अपनी देखभाल खुद कर सकती है और उसे अब समुद्र में पहुँचा देना चाहिए। मछली भी पात्र पर निर्भर होती चली जाती है और स्वतन्त्र होने की उसकी इच्छा भी नष्ट हो जाती है। अन्त में उसे पहले एक तालाब में डालना पड़ता है, फिर नदी में डालकर बहा देना पड़ता है। कहानी में एक स्थल तब आता है जब काले बादल घिर आते हैं और झमाझम बारिश होने लगती है। समुद्र का जल बढ़ने लगता है और पृथ्वी उसमें डूब जाती है। यह प्रलय है, सारे संसार की मृत्यु।

यह स्थिति तब उत्पन्न होती है जब मानव समाज अपने आप में इतना मग्न हो जाता है कि सारी शेष प्रकृति से उसका संपर्क ही समाप्त हो जाता है, जब अन्य सब वस्तुओं की कीमत पर संस्कृति बढ़ती चली जाती है, जब संस्कृति की आवश्यकताएँ प्रकृति की आवश्यकताओं से ऊपर उठने लगती हैं। इसके परिणामस्वरूप कभी न कभी सब अचानक टूट जाता है, क्योंकि प्रकृति उसका प्रतिरोध करती है।

मनु को पहले तो आश्चर्य होता है कि उन्होंने अपना सारा जीवन अच्छे कार्यों में लगा दिया, फिर उन्हें कष्ट क्यों हो रहा है। उन्होंने तो इस ज़रा सी मछली की इतनी ज़्यादा देखभाल की, फिर इस कष्ट का कारण क्या है? वे वर्षा को दोषी ठहराते हैं और समुद्र को शाप देते हैं। फिर इसके बाद उन्हें ज्ञान होता है।

पुराणों में यह बात ज़्यादा स्पष्टता से नहीं कही गई है, क्योंकि मनु स्वयं अपनी कथा सुनाते हैं। वे बहुत नम्र हैं। यह ज्ञान कहानी सुननेवालों के मन में अपने आप उत्पन्न होता है, क्योंकि यह बहुत स्पष्ट परिणाम है।

मनु अनुभव करते हैं कि छोटी सी मछली के प्रति सद्भाव के अतिरेक के कारण यह प्रलय आई है। वे यह समझ नहीं पाए कि जब मछली बड़ी हो गई, तब वह अपनी देखभाल खुद करने लायक हो गई और उसे छोड़ देना चाहिए था। इस एक प्राणी के लिए इतना सब करने का परिणाम था कि वे दुनिया के दूसरे प्राणियों पर इसके प्रभाव के प्रति एकदम उदासीन हो

विष्णु शंख राक्षस पंचजन को मारते हुए–लघु चित्र

सींग वाली मछली मनु की नाव को प्रलय से निकालती है–लघु चित्र

गए। प्रत्येक क्रिया की एक प्रतिक्रिया भी होती है, जिसका सामना करना पड़ता है। यह कर्म का नियम है। जिस प्रकार करुणा के एक कार्य से समाज की उत्पत्ति होती है, जब मनु ने मछली की रक्षा की और अन्य प्राणियों की उपेक्षा की, तब समाज का विनाश इसलिए होने लगा क्योंकि शेष सारी प्रकृति की उपेक्षा की गई। अन्त में मनु इस सच्चाई का अनुभव करते हैं और प्रलय के लिए अपनी ज़िम्मेदारी स्वीकार करते हैं। अब मछली फिर उनके सामने प्रकट हो जाती है। अब उसके सिर पर एक सींग उग आया है।

मस्तक पर यह सींग क्यों उग आया? क्या मनु को यह बताने के लिए कि उनका यह बृहद् मस्तिष्क ही, जो कल्पना के अपने गुण के कारण सद्भाव और शोषण दोनों का स्रोत है, इस समस्या की जड़ में है? यह सींग विष्णु के सीधे खड़े चिह्न की तरह है, जिससे मनु को याद आती है कि जीवन का अर्थ विकास है। मनु ने जब मछली की रक्षा की, तब वे पशु से मानव की श्रेणी में आ गए। परन्तु वे मनुष्य से देवत्व की श्रेणी तक इसलिए नहीं उठ पाए, क्योंकि वे अन्य सब प्राणियों की उपेक्षा करके एक प्राणी तक ही सीमित हो रहे। मछली के बड़े होने में भौतिक प्रगति तो व्यक्त हुई, क्योंकि जल-पात्र का आकार बढ़ता चला गया, परन्तु वह भावात्मक और बौद्धिक प्रगति नहीं हुई कि उन्हें सबको साथ लेकर चलना चाहिए।

यह सींग वाली मछली मनु को एक नाव बनाने को तैयार करती है—जो बाइबिल में वर्णित नूह की नाव के समान है। मछली मनु से कहती है—कि आदि-अनन्त-शेष नामक सर्प का उपयोग करके नाव को उसके सींग से जोड़ दें। फिर मछली नाव को खेकर मेरु पर्वत पर ले जाती है, जो सृष्टि का केन्द्र है। फिर जब प्रलय समाप्त होती है, मछली द्वारा सुरक्षित मनु दुनिया को फिर से आरम्भ करते हैं।

कहानी के एक अन्य रूप में पंचजन नामक दैत्य वेदों को चुरा ले जाता है और प्रलय में डूबती पृथ्वी के तल में रखकर छिपा देता है। उसे निकालने

विष्णु के रूप माने जाने वाले शालग्राम पत्थर

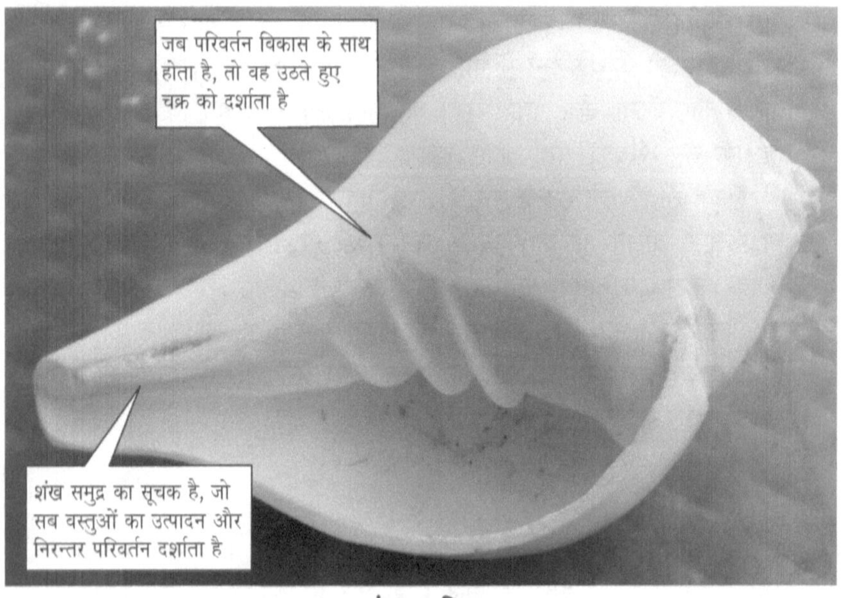

शंख का चित्र

के लिए विष्णु मछली का रूप धारण कर अवतार लेते हैं, दैत्यों का नाश करते हैं और वेद को निकालकर मनु को दे देते हैं। दैत्य को मारने के बाद विष्णु उस समुद्री शंख को, जिसमें दैत्य जाकर छिप गया था, बाहर निकालकर पाँचजन्य नामक तुरही का रूप दे देते हैं। फिर विष्णु इसे बजाते हैं और इसमें से वेद का रहस्य प्रकट होने लगता है। क्या है यह रहस्य? प्रकृति में सब पेड़-पौधे और पशु-पक्षी चक्राकार और व्यक्त रूप से घूमते रहते हैं। चक्र में घूमना उनकी नियति है, वे इससे अलग नहीं हो सकते। परन्तु मनुष्य को यह शक्ति प्राप्त है कि वह इस चक्र को तोड़ सके, और उसे एक फिरकनी के रूप में बदल सके, जो कभी बाहर जाती है और कभी भीतर की ओर घूमने लगती है। इस प्रक्रिया में तब परिवर्तन होता है, जब मनुष्य भय से मुक्ति पाकर सद्भाव उत्पन्न करता है, धर्म का पालन करता है और देवत्य प्राप्त करने के लिए पाशवी प्रवृत्तियों का त्याग कर देता है।

विष्णु के प्रिय शंख में ऊपर बनी उठती-गिरती गोलाकार रेखाएँ भी इस विशिष्ट मानवी सम्भावना को व्यक्त करती प्रतीत होती हैं।

३. कूर्म का रहस्य

असुरक्षित व्यक्तियों से सम्पत्ति दूर रहती है

विष्णु की बाँहों में लक्ष्मी—केरल से प्राप्त भित्ति-चित्र

लक्ष्मी धन-सम्पत्ति की देवी हैं। उन का चित्र उन्हें लाल रंग के वस्त्र धारण किए, स्वर्ण भूषणों से लदी, कमल के फूल पर विराजमान, हाथों में अन्न और सुवर्ण से भरा पात्र लिए दिखाता है। उनकी सब पूजा करते हैं, क्योंकि वे उन्हें जीवन के साधन प्रदान करती हैं। वे वह भोजन हैं जिसे हम खाते हैं, वस्त्र हैं, जिन्हें हम पहनते हैं, घर हैं जिनमें हम रहते हैं। उनके बिना हम जीवित नहीं रह सकते।

लक्ष्मी भेदभाव नहीं करती। भात का एक कटोरा जो सन्त और पापी दोनों को संतुष्ट करता है। कंबल जो राजा और रंक सबको गर्मी पहुँचाता है और घर जिसमें पुरुष और स्त्री दोनों रह सकते हैं।

परन्तु लक्ष्मी चंचला हैं। वे एक जगह ज़्यादा दिन नहीं रहतीं। क्यों चली जाती हैं, यह कोई समझ नहीं पाता। कुछ लोग उन्हें तोता चश्मी कहते हैं : देखती किसी तरफ हैं, तो जाती दूसरी तरफ हैं।

चूँकि सम्पत्ति अपने मूल रूप में धातु और पेड़-पौधों के रूप में धरती के भीतर से प्राप्त होती है, इसलिए पुराणों में लक्ष्मी को पाताल-निवासी कहा गया है—'पा' का अर्थ है पैर, और 'तल' का नीचे। लक्ष्मी इस प्रकार भूमिगत प्रदेशों की निवासिनी हैं। यह असुरों का प्रदेश है।

असुर ब्रह्मा के पोते हैं। उनके पिता का नाम कश्यप है, और माता का अदिति। मनुष्यों के लिए, जो धन प्राप्त करना चाहते हैं, असुर वे दैत्य हैं जो लक्ष्मी को धरती के भीतर पकड़कर रखते हैं। मनुष्य देवों की पूजा करते हैं, क्योंकि वे लक्ष्मी को धरती के बाहर निकालने में लगे रहते हैं। देव असुरों के भाई हैं। दोनों के बाबा एक ही थे, और पिता कश्यप भी एक ही थे, परन्तु माँ अदिति भिन्न थीं।

देवों के नेता इन्द्र हैं, जो बादलों में रहते हैं और वर्षा करते हैं। वे आकाश और वृष्टि, दोनों के देवता हैं। उनके भाई हैं अग्नि, जो धरती पर रहते हैं; वायु जो पृथ्वी और आकाश के बीच विचरण करते हैं; सूर्य और चंद्र, जो आकाश में ऊपर रहते हैं। उनके गुरु हैं बृहस्पति, जो इसी नाम के ग्रह के देवता हैं और जिनका तर्क तथा गणित से सम्बन्ध है।

यक्षों के राजा कुबेर–प्रस्तर प्रतिमा

यक्ष और यक्षिणी–प्रस्तर प्रतिमा

बृहस्पति इन्द्र के लिए यज्ञ करते हैं, जिससे उन्हें लक्ष्मी को धरती के भीतर से निकालने की शक्ति प्राप्त होती है। अग्नि तथा वायु चट्टानों को पिघलाते हैं, जिससे धातुएँ मुक्त होती हैं, और वायु, सूर्य तथा वर्षा धरती से पेड़-पौधे उगाती हैं।

इस प्रकार देवों द्वारा असुरों के नाश की पुराण कथाएँ लक्ष्मी को धरती की कैद से मुक्त कराने की कथाएँ हैं। इसीलिए खनन, शिकार, मछली पकड़ना, खेती करना और फसलें उगाने के कार्य ध्वंसकारी होते हैं। चट्टान को तोड़ा नहीं जाएगा, तो धातु नहीं निकलेगी। अनाज को कूटा-फटका नहीं जाएगा, तो दाने कैसे निकालेंगे। दूसरे शब्दों में कहें, तो लक्ष्मी प्राप्त करने के लिए असुरों का विनाश आवश्यक है।

इन्द्र के लिए लक्ष्मी उनकी पत्नी, शची हैं। परन्तु असुरों के लिए वे उनके राजा पुलोमा की बेटी, पुलोमी, हैं। वे उनके गुरु भृगु की पुत्री भार्गवी भी हैं—भृगु को शुक्र भी कहते हैं, इसी नाम के ग्रह के देवता, जिन्हें अंतर्ज्ञान और रचनात्मकता के लिए जाना जाता है। लक्ष्मी का इस प्रकार असुरों के साथ घनिष्ठ सम्बन्ध उनके नगर हिरण्यपुर का महत्त्व स्थापित करता है—जिसका अर्थ है 'हिरण्य' यानी स्वर्ण का नगर।

लक्ष्मी अन्य भूगर्भीय और वन प्रधान यक्ष तथा राक्षस जैसे 'दानवों से भी जुड़ी हैं। यक्ष जलीय स्थानों में रहते हैं और विकृत शरीर पशुओं के रूप में उनका चित्र खींचा जाता है। यक्षों के राजा का नाम कुबेर है, जिन्हें कभी-कभी देवताओं का खजांची बताया जाता है, जो सम्पत्ति जमा करते हैं और एक-एक पैसे का हिसाब देखते हैं। कुबेर ने सोने की नगरी लंका का निर्माण किया, जिसे उनके भाई, राक्षसों के राजा, रावण, ने उनसे छीन लिया।

जब लक्ष्मी शची के रूप में इन्द्र के साथ उनके नगर अमरावती में, जो आसमान में सबसे ऊपर स्थित है, बैठती हैं, तो वह स्वर्ग बन जाता है। इस नगर में सब इच्छाएँ पूर्ण करने वाला वृक्ष कल्प तरु है, कामधेनु गाय है जो हर कामना पूरी करती है, चिंतामणि रत्न है जिसकी कृपा से सब चिन्ताओं से मुक्ति मिल

देवताओं के राजा इन्द्र—काष्ठ पर उकेरी आकृति

 विष्णु के सात रहस्य

जाती है। इतनी सब सुविधाएँ प्राप्त कर इन्द्र को सुखी और सुरक्षित महसूस करना चाहिए था। परन्तु वे अपने को असुरक्षित मानते हैं, क्योंकि उन्हें भय है कि शची उन्हें छोड़कर किसी अन्य अधिक योग्य व्यक्ति को अपना पति बना लेगी।

राजा सगर ने एक बार अश्वमेध यज्ञ किया। इसमें राजा का घोड़ा छोड़ा जाता है और सेना उसके पीछे चलती है। घोड़ा जितनी भूमि को पार करता है, वह सब राजा के अधिकार में आती चली जाती है। राजा सगर इतने शक्तिशाली थे कि कोई अन्य राजा उनके घोड़े को रोकने का साहस नहीं करता था। इसलिए वे चक्रवर्ती राजा, अर्थात् बहुत बड़े घेरे में आने वाली पृथ्वी, यानी इस सारे गोलाकार संसार के राजा बन सकते थे। इसके बाद वे इन्द्र को भी चुनौती देने की सामर्थ्य प्राप्त कर सकते थे। इन्द्र ने डर के कारण यह घोड़ा चुरा लिया, और उसे कपिल ऋषि के आश्रम में रख दिया। सगर के पुत्रों ने घोड़े का पता लगा लिया और कपिल को चोर बताया। कपिल को क्रोध आया और उन्होंने आँखें खोलकर उन्हें देखा, तो उसमें से आग की तेज़ लपट निकली, जिसमें सब बेटे जलकर भस्म हो गए। बेटों की मृत्यु से सगर बहुत दुखी हुए और यज्ञ को उन्होंने तुरन्त बन्द कर दिया। अब इन्द्र को सुरक्षा महसूस हुई।

एक और समय कंडु नामक ऋषि तपस्या कर रहे थे। इसमें शरीर की पाँचों इन्द्रियों पर नियन्त्रण किया जाता है तो उनकी गर्मी निकलकर शरीर में फैलती है। इस तप के द्वारा कंडु ऋषि को प्रकृति पर नियंत्रण करने की क्षमता प्राप्त हो जाती, और वे उसे अपनी इच्छाओं के अनुसार चला सकते थे। इन्द्र को डर लगा कि अगर कंडु अपनी तपस्या में सफल हो गए, तो वे उसे भी उखाड़ फेंकेंगें। इस सम्भावना को रोकने के लिए उन्होंने कंडु को मोहित करने के लिए प्रमलोचा नामक अप्सरा उनके पास भेजी। प्रमलोचा अपने उद्देश्य में सफल रही। उसने कंडु पर ऐसा जाल बिछाया कि वे समय की गणना ही भूल गए, और पूरे सौ साल का भोग उन्हें एक रात के बराबर ही लगा। जब आखिरकार वे सचेत हुए, तो उन्हें पता लगा कि इन्द्र के आदेश पर यह अप्सरा उनका तय भंग करने आई थी, परन्तु अब वे इसके लिए कुछ कर भी नहीं सकते थे।

हाथियों पर सवार इन्द्र–कंबोडियाई मन्दिर में चित्रित

इन्द्र शची पर विश्वास नहीं करते, क्योंकि उनका अपने ऊपर ही विश्वास नहीं है, और अपने ऊपर विश्वास इसलिए नहीं है क्योंकि वे स्वयं को जानते ही नहीं। ब्रह्मा की तरह वे भी आध्यात्मिक सत्य से परिचित नहीं हैं। इसलिए वे अस्थायित्व और मृत्यु के विचारों से ग्रस्त हैं।

अपने भयों से मुक्ति पाने के लिए इन्द्र सुख प्राप्ति में डूब जाते हैं और भोगी बन जाते हैं। शची उन्हें छोड़कर भाग जाती है, परन्तु इस कारण नहीं क्योंकि उसे कोई और राजा या साधु पसन्द आ गया है, बल्कि इसलिए क्योंकि वह इन्द्र के व्यवहार को बरदाश्त नहीं कर पाई।

एक दफ़ा अपने क्रोध के लिए प्रसिद्ध ऋषि दुर्वासा इन्द्र को कमल के फूलों की माला भेंट करते हैं। परन्तु इन्द्र सुन्दरियाँ से घिरे नशे में चूर बैठे हैं, और वे माला को हाथ में लेकर देखते हैं तथा देखकर ज़मीन पर फेंक देते हैं, जहाँ उनका हाथी एरावत उसे पैरों से कुचल देता है। दुर्वासा क्रोधित हो उठते हैं और उसे शाप देते हैं; तुम्हारा यह सब कुछ नष्ट हो जाएगा—'यह कल्पतरू, कामधेनु, रत्न, सभी कुछ। लक्ष्मी तुम्हारी दुनिया से चली जायेगी।' और यही होता भी है।

कुछ अन्य कथाओं में इन्द्र अपनी उद्दण्डता से बृहस्पति को नाराज़ कर देते हैं, तो उसका भी परिणाम बुरा होता है। इन्द्र किसी-न-किसी रूप में कुछ-न-कुछ खोते ही चले जाते हैं, और वे खुद ही इसके लिए ज़िम्मेदार भी होते हैं, दूसरा कोई नहीं होता।

लक्ष्मी चली गई तो इन्द्र दुखी होकर अपने पिता ब्रह्मा के पास जाकर उनसे कहते हैं, लक्ष्मी को वापस लाने में मेरी मदद करो। परन्तु ब्रह्मा समझ नहीं पाते कि किस तरह देवताओं की मदद करें। वे उन्हें विष्णु के पास जाने की सलाह देते हैं। विष्णु उनसे कहते हैं, देवी तो दूध के समुद्र में विलीन हो गई। उसे मथो और निकालो। तुम ऐसा करो कि पर्वतों के राजा, मंदार को अपनी मथनी बना लो। फिर सर्पों के राजा वासुकि को उसकी रस्सी की तरह इस्तेमाल करो—फिर समुद्र को मथो। अन्य कथाओं में मेरु पर्वत को मथनी

विष्णु का कूर्मावतार—मैसूर कला

गबिरंगपुरा, कर्नाटक के एक मन्दिर में कूर्म की एक दुर्लभ प्रतिमा

और समय के देवता सर्प, आदि-अनन्त-शेष, को रस्सी बनाया गया है।

देवता मंदार पर्वत को मथनी बनाने के लिए उसे उठाने को दौड़ पड़ते हैं, परन्तु वह इतना भारी है कि इनसे हिलता भी नहीं। फिर वे सर्पराज वासुकि को भूगर्भ से खींचने की कोशिश करते हैं, परन्तु वह टस-से-मस नहीं होता। तब वे विष्णु से सहायता की प्रार्थना करते हैं। विष्णु अपने वाहन बाज़ पक्षी, महाशक्तिमान गरुड़ को आदेश देते हैं कि इन दोनों को खींचकर दूध के सागर तक पहुँचा दे। पर यह मथनी जल पर तैरेगी कैसे? यह तो अपने भार से डूब ही जायेगी, देवता प्रश्न करते हैं। उनसे यह कहते ही एक अति विशाल कछुआ, जिसका नाम कूर्म था, धीरे-धीरे जल से ऊपर उठना शुरू हुआ? देवता आश्चर्य से देख ही रहे थे, कि गरुड़ ने उसे अपनी चोंच से उठाकर कूर्म की पीठ पर रख दिया और मथने की तैयारी पूरी हो गई। कूर्म विष्णु स्वयं ही थे।

अब देवता मथने का काम शुरू करते हैं। लेकिन उनमें इतनी शक्ति ही कहाँ है, कि पहले एक तरफ ज़ोर लगाएँ, फिर दूसरी दिशा में उससे ज़्यादा ताकत से उसे खींचे। विष्णु उन्हें सलाह देते हैं, तुम लोग अपने आधे-भाई असुरों की सहायता लो। तुम लोग खुद वासुकि की पूंछ पकड़ो और उसे अपनी ओर खींचो। असुरों से कहो कि वे सर्प की गर्दन पकड़ें और उसे दूसरी दिशा में खींचते चले जाएँ।

एक ही पिता की सन्तान होते हुए भी देवता और असुर एक-दूसरे से नफरत करते हैं। असुरों का मानना है कि लक्ष्मी का स्थान पृथ्वी के भीतर है, और देवों का मानना कि यह बाहर है। लेकिन अब उसके गायब हो जाने के बाद उनके पास एक-दूसरे से मिलकर कुछ करने के अलावा और उपाय नहीं रहता। इसलिए दोनों एक-दूसरे के सामने खड़े होकर रस्सी खींचने को तैयार हो जाते हैं।

मंथन का कार्य ज़ोर-शोर से शुरू हो जाता है। जब असुर खींचते हैं, देवता आराम कर लेते हैं, देवता खींचते हैं तो असुर सुस्ताने लगते हैं। इस तरह

कूर्मावतार–कैलेन्डर चित्र

दोनों को एक साथ मिलाकर विष्णु एक उद्देश्य के लिए इनसे काम कराने में सफल हो जाते हैं।

लेकिन यह कसरत आसान नहीं है, इसमें बहुत ज़्यादा समय और उससे भी ज़्यादा ताकत लगती है। देवता और असुरों को ऐसा काम करना पड़ता है, जैसा उन्होंने कभी किया ही नहीं।

हिन्दू धर्म कथाओं में दूध एक विशेष उपमा है। यह सम्भावनाओं से भरी भौतिक दुनिया का प्रतीक है। लेकिन दूध का सर्वोत्तम अंश निकालने के लिए उसे मथना पड़ता है। पहले इससे मक्खन निकालते हैं, फिर उससे घी निकाला जाता है। सारे काम में बड़ी मेहनत लगती है। विष्णु के मन्दिरों में उन्हें हमेशा मक्खन और घी का भोग लगाया जाता है, परन्तु शिवजी कच्चे सादा दूध से ही प्रसन्न हो जाते हैं—क्योंकि विष्णु ऐसे देवता हैं जिन्हें भौतिक जगत की सर्वोत्तम वस्तुओं से ही सन्तोष प्राप्त होता है, जबकि शिव को इन वस्तुओं का कोई लोभ नहीं है। और लक्ष्मी भौतिक जगत की सर्वोत्तम वस्तु हैं, इसलिए विष्णु उन्हीं को ग्रहण करते हैं।

दूध को मथने से जब मक्खन निकलने लगता है, तब उसी के साथ समुद्र के और भी उपहार निकलना शुरू हो जाते हैं। उड़ने वाला घोड़ा-उच्चैश्रवा, निकलता है, फिर श्वेत त्वचा वाला हाथी—ऐरावत, जिसकी सात सूँड़ें हैं। पारिजात वृक्ष प्रकट होता है, जो कल्प तरु का ही दूसरा नाम है, कामधेनु निकलती है, फिर चिन्तामणि, जिसका नाम कौस्तुभ है, प्रकट होते हैं। सुंदरी रंभा निकलती है, और मद्य, जिसे वारुणि कहा गया।

ये सब वस्तुएँ कभी इन्द्र के स्वर्ग की शोभा बढ़ाती थीं। इनमें सबसे महत्त्वपूर्ण थी रंभा और वारुणि—स्त्री और शराब। इन्हीं के अतिभोग के कारण इन्द्र को अपनी समृद्धि से हाथ धोना पड़ा, फिर भी पुराण इन्हें भौतिक संसार की सर्वोत्तम वस्तुएँ मानते हैं। प्राचीन ग्रंथ इनका वर्णन करते हुए लज्जा का अनुभव नहीं करते। वे इनके महत्त्व को स्वीकार करते हैं, परन्तु अतिभोग के दुष्परिणामों की चेतावनी भी देते हैं। इस प्रकार इन्द्र का स्वर्ग वह स्थान है, जहाँ शराब बहती है और स्त्रियाँ नृत्य करती हैं, और इन्हीं के अतिरेक से इन्द्र अपनी समझ-बूझ खो बैठते हैं।

कंबोडिया के मन्दिर की दीवार पर समुद्र मंथन का दृश्य

     विष्णु के सात रहस्य

घोड़ा और हाथी धर्म के घोतक हैं, अर्थात् सत्कर्म की आवश्यकता के। वृक्ष, गौ और रत्न अर्थ के प्रतीक हैं—अर्थात् धन-सम्पत्ति के। अप्सरा और शराब काम के घोतक हैं, अर्थात् सुख और आनन्द के। ये सब समुद्र के उपहार हैं। ये सब पहले प्रकट हुए, जो अब लक्ष्मी प्रकट होंगी, इसकी सूचना थे।

जब लक्ष्मी निकलना आरम्भ करती हैं, सब उत्तेजित हो उठते हैं। वे लाल रंग की साड़ी पहने हैं, शरीर आभूषणों से मंडित है, और वे कमल के फूल पर विराजमान हैं। उनके हाथों में अक्षय-पात्र है, यानी वह बर्तन जो हमेशा अन्न और स्वर्ण से भरा रहता है। देव और असुर उनकी महिमा का गान करने लगते हैं। श्वेत रंग के हाथी जो दोनों दिशाओं में रहते हैं, दौड़कर आते हैं और अपनी सूँड़ें उठाकर उनके ऊपर सुगंधित द्रव्यों की फुहार छोड़ने लगते हैं।

सब साँस रोककर देख रहे हैं कि लक्ष्मी अब जाएँगी कहाँ। वे देवों की पत्नी बनेंगी या असुरों की पुत्री। परन्तु वे विष्णु की तरफ मुड़कर उनके गले में माला डाल देती हैं, जिसका अर्थ होता है कि उन्होंने विष्णु का वरण कर लिया है।

असुर लक्ष्मी को अपने लिए चाहते हैं, और देवों की इच्छा भी यही है, परन्तु लक्ष्मी विष्णु का चुनाव कर लेती हैं, जिन्होंने उनकी कामना ही नहीं की। यह तथ्य महत्त्वपूर्ण है। लक्ष्मी ने विष्णु को क्यों चुना? क्योंकि विष्णु उद्योगशील हैं—उन्होंने मंथन की योजना दी और शत्रुओं को साथ लाकर यह कार्य कराया। वे उनका चुनाव इसलिए भी करती हैं क्योंकि वे इस समस्त उद्योग से असंपृक्त हैं। वे देवों की सहायता करते हैं परन्तु समुद्र से प्राप्त उपहारों की कामना नहीं करते।

विष्णु जानते हैं कि वे आध्यात्मिक सत्य हैं, ब्रह्म हैं, अनन्त और अमर्त्य हैं, इसलिए वे लक्ष्मी के बारे में भी जानते हैं, कि वे भौतिक सच्चाई हैं। उन्हें लक्ष्मी से कोई महत्त्व प्राप्त नहीं होता, सिर्फ यह कि वे उनकी सहायता से स्वयं को पहचान पाते हैं। इसलिए वे उन पर नियंत्रण करने का प्रयत्न नहीं करते। बल्कि उनके चंचल स्वभाव का मज़ा लेते हैं। उन्हें देखकर मुस्करा देते हैं।

लक्ष्मी पर जल की बौछार करते हुए दो हाथी

विष्णु की जाँघ पर बैठी लक्ष्मी—बेलुड़, कर्नाटक, का भित्ति चित्र

     विष्णु के सात रहस्य

'रामायण' में राम को जब राजमहल छोड़कर जंगल जाने को कहा जाता है, तब वे अपना आपा नहीं खोते। उन्हें महल और जंगल दोनों में शान्ति प्राप्त होती है। उन्हें भौतिक सच्चाई से अपना व्यक्तित्व नहीं प्राप्त होता। उनका यही गुण लक्ष्मी को उनके प्रति आकृष्ट करता है। इसलिए विष्णु को 'श्री निवास' या 'श्री वत्स' कहा जाता है, यानी यहाँ लक्ष्मी रहती हैं। वे 'लक्ष्मी वल्लभ' या 'लक्ष्मी कांत' भी हैं, यानी लक्ष्मी के प्रिय। वे 'श्री-नाथ' या थिरुपति है, यानी वे लक्ष्मी के स्वामी हैं। वे लक्ष्मी का पीछा नहीं करते, बल्कि लक्ष्मी ही उनका अनुगमन करती हैं।

कलाकृतियों में विष्णु को आदि-अनन्त-शेष सर्प की कुंडलियों पर जो दूध के समुद्र पर लेटा हुआ है, सोते हुए दिखाया जाता है; लक्ष्मी उनके पैरों के बैठी उनकी सेवा कर रही हैं। यह उनके स्वभाव के एकदम विपरीत है। वे चंचल देवी हैं जो, जहाँ भी उनकी इच्छा हो, आती-जाती रहती हैं। देव और असुर दोनों उन्हें प्राप्त करने के लिए एक-दूसरे से लड़ते हैं, उन पर नियन्त्रण नहीं कर सकते। परन्तु विष्णु में कुछ ऐसा है, जो वे स्वयं उनके पास चली जाती हैं। वे उनकी कामना नहीं करते, और उसी कारण वे उनका अनुगमन करने और उनकी सेवा करने को तैयार हो जाती हैं। इसलिए विष्णु 'श्री वत्स' हैं—लक्ष्मी जिनका घर है। वे जहाँ हैं, वहीं लक्ष्मी भी हैं।

लक्ष्मी की एक बहन भी है—अलक्ष्मी। वह लड़ाई-झगड़े की देवी है। लक्ष्मी जब किसी घर में प्रवेश करती है, उनके साथ अलक्ष्मी भी प्रवेश कर जाती है। और लड़ाई-झगड़े कराने लगती हैं। अलक्ष्मी उस अनाज का छिलका हैं, जिसका दाना लक्ष्मी हैं। अलक्ष्मी धातु की वह गन्दगी है, जो लक्ष्मी को निकाल लेने के बाद शेष रहती है। फल में से उसकी लक्ष्मी यानी रस निकाल लेने के बाद जो फोक और बीज बचते हैं, वह अलक्ष्मी है। दोनों पहले एक साथ ही रहती हैं। इसलिए जब दूध के सागर से लक्ष्मी प्रकट होती हैं, तब अलक्ष्मी भी उन्हीं के साथ निकल आती है। यह हलाहल है—तीव्र विष।

बदबूदार काला धुआँ आसमान में फैलने लगता है। रोशनी मंद पड़ने

लक्ष्मी के साथ बैठा उल्लू–बंगाल की पोस्टर कला

लगती है और देवता तथा असुर दोनों खाँसी से बेहाल होने लगते हैं। सब विष्णु से प्रार्थना करते हैं, 'हमें बचाओ...बचाओ!'

विष्णु तुरंत शिव की शरण में जाते हैं, जिनकी सांसारिक वस्तुओं के प्रति उपेक्षा उन्हें विशेष क्षमता प्रदान करती है। सब लोग लक्ष्मी का स्वागत करते हैं और उनके साथ आई उत्तम वस्तुओं को ग्रहण करते हैं, परन्तु हलाहल को कोई नहीं स्वीकारना चाहता। इसलिए शिव की प्रार्थना की जाती है, और वे एक घूँट में सारा हलाहल पी जाते हैं।

कुछ लोककथाओं के अनुसार अलक्ष्मी हलाहल से प्रकट होती है, और माँग करती है कि उसे पति दिया जाए। यदि विष्णु ने लक्ष्मी को ग्रहण कर लिया, तो कोई उसे ग्रहण करनेवाला भी प्राप्त होना चाहिए। चूँकि देव और असुरों में से कोई उसे लेना नहीं चाहता, इसलिए वे सब कामनाओं और इच्छाओं से मुक्त शिव को दे दी जाती हैं।

कुछ विद्वानों का मानना है कि अलक्ष्मी भयंकर रूप-गुणवाली काली का प्रतिरूप है। दूसरों का कहना है कि अलक्ष्मी और लक्ष्मी दोनों संयुक्त रूप में प्रकृति ही है। लक्ष्मी प्रकृति का उपयोगी स्वरूप है, और अलक्ष्मी हानिकर स्वरूप। यदि लक्ष्मी प्रेम है, तो अलक्ष्मी घृणा। यदि लक्ष्मी स्वास्थ्यवर्धक आहार है, तो अलक्ष्मी वायुमण्डल का प्रदूषण। एक के बिना दूसरा नहीं रह सकता। इनके बीच का अन्तर माया ने पैदा किया है। विष्णु को यह अन्तर दिखाई नहीं देता। वे लक्ष्मी को उसकी पूर्णता में स्वीकार कर लेते हैं, अलक्ष्मी को नहीं। वे जानते हैं कि लक्ष्मी का क्या स्थान है, और अलक्ष्मी का क्या। वे जानते हैं कि अलक्ष्मी की कभी उपेक्षा नहीं की जानी चाहिए।

विष्णु शिव से इस अर्थ में भिन्न हैं, कि वे अच्छे-बुरे में भेद करने वाले देवता हैं। शिव किसी का पक्ष नहीं लेते, वे न देवों को प्रेम करते हैं और न असुरों को। हलाहल पान करके वे देवता और असुर दोनों की रक्षा करते हैं। इसके विपरीत विष्णु देवों का पक्षपात करते हैं, जो अमृत की इस कथा में भली-भाँति स्पष्ट है।

चिकित्सा के देवता धन्वन्तरि–दक्षिण भारतीय गुड़िया

 विष्णु के सात रहस्य

अमृत वह वस्तु है जो जीवन को अमरता प्रदान करता है। और लक्ष्मी तथा हलाहल के निकलने के बाद अब अन्त में अमृत निकलने की बारी है। यह समुद्र से एक पात्र में प्रकट होता है, जिसे स्वास्थ्य और चिकित्सा के देवता धन्वंतरि अपने हाथों से सम्भाले हुए हैं। उनसे आयुर्वेद का जन्म हुआ, जो भारत की राष्ट्रीय चिकित्सा पद्धति है।

धन्वंतरि भी विष्णु का ही एक रूप हैं। विष्णु की ही भाँति उनके एक हाथ में शंख है और दूसरे में चक्र, परन्तु विष्णु से जो बात उन्हें अलग करती है, वह यह है कि उनके तीसरे हाथ में अमृत का पात्र है, और चौथे में एक जौंक है। यह एक कीड़ा है जिससे आयुर्वेद के अभ्यासी व्यक्ति के शरीर में से ज़हर चूसकर निकालने के लिए इस्तेमाल करते हैं। कई दफ़ा अमृत के स्थान पर धन्वंतरि के तीसरे हाथ में जड़ी-बूटियाँ या इन्हें कूटने पीसने वाली खरल और मुसली होती है।

अमृत की प्रत्येक व्यक्ति कामना करता है, क्योंकि वह अमर होना चाहता है। ब्रह्मा के सब पुत्र, चाहे वे देवता हों या असुर, मृत्यु से डरते हैं। हर कोई चाहता है कि हमेशा ज़िन्दा बना रहे। इसलिए अमृत का पात्र निकलते ही देवता और असुर दोनों उसे हथियाने के लिए दौड़ पड़ते हैं। मंथन के समय दोनों में जो दोस्ती हो गई थी, वह अब खत्म हो गई। दोनों में लड़ाई शुरू हो जाती है, और दोनों उस पर अपना पूरा अधिकार जताते हैं। इस पर सब स्वीकार कर लेते हैं कि सबको उस पर अधिकार प्राप्त है, परन्तु अब प्रश्न उठता है कि सबसे पहले कौन उसे पिये? देव और असुर एक दूसरे पर विश्वास करने को तैयार नहीं हैं।

अब विष्णु मोहिनी का रूप धारण करते हैं और देवता तथा असुर दोनों के सामने प्रकट होते हैं। मोहिनी इतनी सुन्दर है कि वे सब कुछ भूल जाते हैं। कहा जाता है कि शिव हलाहल का पान कर अपने पर्वत-निवास को लौटने की तैयारी कर रहे थे, तभी उनकी नज़र मोहिनी पर पड़ती है। वे भी उसके सौंदर्य से इतने आकृष्ट होते हैं कि सब कुछ भूलकर उसे आलिंगन में ले लेते हैं। शिव और मोहिनी के इस मिलन से हरि-हर-सुत यानी शिव और विष्णु के पुत्र का जन्म होता है। यह ऐसी सन्तान है जिसमें शिव के तापसी

केरल में पूजित अय्यप्पा का चित्र–विष्णु और शिव के पुत्र, हरिहर-सुत

विष्णु के सात रहस्य

गुण भी हैं, जिनके कारण वह विवाह करने से इन्कार कर देता है, और विष्णु के गुण भी हैं, जिनके प्रभाव से वह समाज की रक्षा करने के लिए हमेशा तैयार रहता है। तमिलनाडु में इस योद्धा-देवता को अय्यनार कहा जाता है, और केरल में मणिकंठ या शास्ता या अय्यप्पा नाम दिए गए हैं। सबरिमला पर्वत पर अय्यप्पा का मन्दिर है। इसमें स्त्रियों का प्रवेश वर्जित है। और पुरुषों को भी कई दिन तक ब्रह्मचर्य का पालन करके और कई अन्य विधान करने के बाद वहाँ जाने दिया जाता है।

मोहिनी इतनी आकर्षक है कि कुछ समय के लिए सब लोग अमृत को भूल जाते हैं। मोहिनी मीठी वाणी में कहती है, ‘अब मैं अमृत बाँटती हूँ।’ उन्हें कोई ‘ना’ कहने के लिए तैयार नहीं होता।

अमृत का पात्र उनके हाथों में थमा दिया जाता है, और देवता तथा असुर लाइन लगाकर पीने के लिए बैठ जाते हैं। मोहिनी मुस्कराती हुई आगे बढ़ती हैं और हरेक के गले में अमृत डालती चली जाती हैं।

अचानक असुरों का ध्यान जाता है कि वे केवल देवताओं को ही अमृत पिला रही हैं। असुरों को कुछ भी प्राप्त नहीं हो रहा। वे समझ जाते हैं कि उनके साथ चालाकी बरती जा रही है। वह अपने सौंदर्य से असुरों को मूर्ख बना रही है। वे सब अपने हथियार निकालकर मोहिनी की तरफ दौड़ पड़ते हैं, कि उनके हाथ से अमृत का पात्र छीन लें। परन्तु इस बीच अमृत पान किए हुए देवता अमरता प्राप्त कर चुके हैं, और वे मोहिनी की रक्षा में आगे बढ़ते हैं। भयंकर युद्ध आरम्भ हो जाता है, परन्तु असुरों के हथियारों का देवताओं पर कोई असर नहीं होता, और देवता बड़ी आसानी से जीत जाते हैं। असुरों की पराजय हो जाती है।

असुरों की मृत्यु के बाद देवताओं को अमरता प्राप्त हो जाती है, और वे अपने पावन नगर, अमरावती रहने के लिए मंथन से उपलब्ध सब वस्तुएँ लेकर चले जाते हैं।

पहली नज़र में यह कहानी, जिसमें मोहिनी असुरों को अपनी चालाकी से अमृत-पान से वंचित रखती है, धोखेबाज़ी की घटना बनकर सामने आती है। एक सुन्दरी दैत्यों को चकमा देती है। चूँकि असुरों को शैतान माना जाता

विष्णु के नारी रूप, मोहिनी की प्रस्तर प्रतिमा–दक्षिण भारत से प्राप्त

विष्णु के सात रहस्य

है, हम मान लेते हैं कि उनके साथ यह व्यवहार उचित ही हुआ। परन्तु यह इस कथा का बहुत साधारणीकृत और गलत विवरण है।

हमें ध्यान रखना चाहिए कि देवता और असुर दोनों एक ही पिता (ब्रह्मा) व अलग-अलग माँओं की सन्तान हैं। ब्रह्मा भी विष्णु की ही भाँति ईश्वर का रूप हैं। हमारे धर्मग्रंथों के अंग्रेज़ी अनुवाद में असुरों को दानव कहते हैं, जो वास्तव में सही नहीं है। यह कोई नहीं जानता कि उनके ऐसे कार्य क्या हैं, जिनके कारण उन्हें दानव मान लिया गया है। लोग व्यर्थ ही उन्हें क्रूरतापूर्ण कार्यों के साथ जोड़ते हैं। इस कारण सम्पूर्ण चित्र में उनके स्थान की ओर किसी का ध्यान नहीं जाता।

कथा का बृहद् चित्र यह है कि देवों की तो मृत्यु नहीं होती, परन्तु असुरों को भी मृत्यु से बचने की शक्ति प्राप्त है। युद्ध में मर जाने के बाद उन्हें पुनर्जीवित किया जा सकता है, क्योंकि उनके गुरु शुक्र को, जो भृगु के पुत्र हैं, संजीवनी विद्या नामक तांत्रिक विधि का ज्ञान प्राप्त है। यह ज्ञान उन्हें शिव से ही प्राप्त हुआ है।

यदि सृष्टि के रचयिता ब्रह्मा देवता तथा असुर दोनों के प्रति समान रूप से कृपालु हैं, तो शिवजी, नाशकर्ता के रूप में, दोनों के प्रति समान रूप से अनासक्त हैं। इस प्रकार ब्रह्मा तथा शिव दोनों ही देवता तथा असुरों को बराबर वरदान देकर समानता प्रदान कर देते हैं। इसके परिणाम स्वरूप संसार में कोई गति नहीं होती, कोई परिवर्तन नहीं होता, कोई घटना नहीं होती, सब कुछ शान्त बना रहता है। गति पैदा करने का अकेला उपाय यह शेष रहता है कि शक्ति को उत्पन्न किया जाए, दो समान शक्ति की वस्तुओं में विरोध पैदा किया जाय, जिससे मंथन के लिए आवश्यक दोनों प्रकार के बल क्रियाशील हो सकें। पालक के रूप में विष्णु सृष्टि में यह असंतुलन पैदा करके यह गति उत्पन्न करते हैं—इस घटना में वे देवों को अमृत पिलाकर और असुरों को उससे वंचित रखकर यह कार्य करते हैं।

देवता हमेशा असुरों को मारकर लक्ष्मी को स्वर्ग ले जाते हैं। कई दफ़ा वे यह कार्य खुद ही करते हैं और कई दफ़ा विष्णु की सहायता से करते हैं। फिर भी, भारत की असुरक्षा और उसके परिणाम स्वरूप बढ़ता भोग विलास

मोहिनी देवों के साथ—पोस्टर कला

     विष्णु के सात रहस्य

का जीवन, इनके कारण वे लक्ष्मी को देर तक सँभालकर नहीं रख पाते। वह हमें छोड़कर चली जाती है, और उसे वापस लाने के लिए हमें फिर असुरों का सहारा लेना पड़ता है। संजीवनी विद्या के द्वारा उनको नवजीवन देकर प्रतिवर्ष धरती की उर्वरता बढ़ाई जाती है, और पिछली फसल की हत्याओं के बावजूद हर साल नई फसल उगाई जाती है। हर दफ़ा जब असुर उठते हैं, देवताओं और असुरों का संग्राम फिर आरम्भ हो जाता है। असुर मरते हैं, देवता लक्ष्मी को फिर एकत्र करते हैं, और चक्र फिर चलना आरम्भ हो जाता है।

लक्ष्मी को गतिमान बनाए रखने के लिए देवता तथा असुर दोनों की आवश्यकता है। देवता उसे वितरित करते हैं, असुर उत्पन्न करते हैं। इसी कारण यज्ञों में सुरों को आहुतियाँ दी जाती हैं, जिनका अर्थ है देवता जिन्होंने अमृत का पान किया, और असुरों को भी जिन्हें उससे वंचित किया गया। विष्णु नहीं चाहते कि असुरों का सदा के लिए पूरी तरह नाश कर दिया जाए। क्योंकि अगर ऐसा हुआ तो मंथन एकदम समाप्त हो जाएगा, और संसार का अन्त हो जाएगा।

हिन्दू पुराण-परम्परा में दो शक्तियों का संघर्ष उसका स्थायी तत्व है। पहला संघर्ष तो भौतिक तथा आध्यात्मिक सच्चाइयों के बीच ही है, तपस्वी और अप्सरा के बीच का संकट, शिव और मोहिनी के बीच का संघर्ष। दूसरा भौतिक सच्चाई के भीतर का अपना संघर्ष है, यानी देवताओं और असुरों के बीच का संकट।

भौतिक सच्चाई का आपसी संकट, जिसकी अध्यक्षता विष्णु करते हैं, नागों और गरुड़ के बीच व्यक्त होता है, सर्पों और बाजों के राजा के बीच की लड़ाइयाँ, जो दोनों विष्णु के लिए पवित्र हैं।

असुरों की तरह सर्प भी पृथ्वी के भीतर रहते हैं, और असुरों के नगर की भाँति नागों का नगर भोगवती भी सुवर्ण और रत्नों से निर्मित है। देवों की तरह बाज़ भी हवा में उड़ते हैं। असुर और देवों की तरह नाग और बाजों के राजा भी, आधे-भाई हैं, वे ब्रह्मा के पुत्र हैं, परन्तु दोनों की माताएँ भिन्न हैं।

गरुड़ का दक्षिण भारतीय चित्र

    विष्णु के सात रहस्य

ब्रह्मा कश्यप ऋषि का रूप धारण करके कद्रु और विनता से दो विवाह करते हैं। कद्रु बहुत से बच्चों की माँ बनना चाहती है, इसलिए वह सापों की माँ बन जाती है। विनता कहती है कि उसे ताकतवर बच्चे चाहिए, भले ही वे कम हों, इसलिए वह महाशक्तिवान गरुड़ की माँ बन जाती है।

गरुड़ गुलाम की तरह उत्पन्न हुआ है। उसे पता चलता है कि वचन हार जाने के कारण उसकी माँ को कद्रु की सेवा करनी पड़ती है। गरुड़ नागों की गुलामी करना स्वीकार नहीं करता, वह कोई रास्ता निकालना चाहता है। नाग कहते हैं, तुम्हारी और तुम्हारी माँ की आज़ादी की कीमत यह होगी, कि देवों के पास सुरक्षित अमृत हमें ला दो।

गरुड़ आसमान में उड़ता है, बड़ी आसानी से देवों को हरा देता है, और हाथों में अमृत का कलश उठाए स्वर्ग से नीचे उतरता है। वह उसकी एक बूँद भी अपने मुँह में नहीं डालता। यह निरासक्ति देखकर विष्णु प्रसन्न हो जाते हैं। वे सोचते हैं कि गरुड़ उनका अच्छा साथी सिद्ध हो सकता है। वे गरुड़ को रोक लेते हैं और कहते हैं कि अगर तुम मेरा वाहन बनना स्वीकार करो तो मैं तुम्हें और तुम्हारी माँ को नागों के बंधन से मुक्त करने का उपाय बताऊँगा, और उन्हें अमर भी नहीं बनने दूँगा। गरुड़ इसे स्वीकार कर लेते हैं।

अब विष्णु के कहने के अनुसार गरुड़ अमृत-पात्र के लिए नागों से कहते हैं, 'वचन का पालन करते हुए मुझे और मेरी माँ को मुक्त कर दो, तभी यह पात्र तुम्हें दूँगा।' नाग कहते हैं, 'ठीक है, तुम मुक्त हो।'

अब गरुड़ अमृत-पात्र घास पर रख देते हैं, और कहते हैं, अमृत पीने के लिए नहा-धोकर शुद्ध होना ज़रूरी है। नाग, जो बेचैनी से पात्र के लिए गरुड़ की प्रतीक्षा कर रहे थे, नदी की ओर दौड़ पड़ते हैं। उनकी अनुपस्थिति में गरुड़ इन्द्र का आवाहन करते हैं कि नीचे उतरो और पात्र उठाकर ले जाओ। इन्द्र देवता प्रसन्न होकर उन्हें वर देते हैं, "आज से नाग तुम्हारे भोजन होंगे। उन्हें मारने का तुम्हें पाप नहीं लगेगा।"

नाग वापस आते हैं तो पात्र गायब देखकर क्रोधित हो उठते हैं। वे गरुड़ को दोष देते हैं, तुमने उसकी रक्षा क्यों नहीं की? गरुड़ उत्तर देते हैं, 'अब मैं तुम्हारा गुलाम नहीं रहा। अब मेरी यह ज़िम्मेदारी खत्म हो गई।'

विष्णु के सात रहस्य   93

गरुड़ पर सवार विष्णु और लक्ष्मी—पोस्टर कला

अनन्त शेष पर आराम करते विष्णु

　　विष्णु के सात रहस्य

निराश होकर नाग उस घास को चाटने लगते हैं, जिस पर अमृत का पात्र रखा था। इसका उस पर जादुई असर हुआ था। अमृत के सान्निध्य के कारण घास को पुनर्जन्म की शक्ति प्राप्त हो गई—उसका जो भी पत्ता नोंचा जाता, वह तुरन्त उग आने लगती। इसी तरह साँपों को भी उस घास पर लोट लगाने से नवजीवन प्राप्त होने लगा। वे कुछ समय बाद अपने शरीर पर चढ़ा केंचुल बदल लेते हैं, और हमेशा युवा बने रहते हैं।

जिस तरह देव और असुर स्थायी रूप से एक दूसरे के शत्रु हैं, उसी प्रकार नाग और गरुड़ भी शत्रु हैं। गरुड़ और देवों को आकाश की शक्तियाँ कहा जाता है—सूर्य, चंद्र, वायु, जल और अग्नि की शक्तियाँ। नाग और असुरों को पृथ्वी की जीवनदायिनी शक्तियाँ कहा जाता है। पहली शक्तियाँ लक्ष्मी को पृथ्वी के बंधन से मुक्त करती हैं, परन्तु दूसरी शक्तियाँ ही उसे जन्म दे सकती हैं। विष्णु देवों का पक्ष क्यों न लें, वे असुरों के मूल्य से परिचित हैं। यही कारण है कि गरुड़ और नाग दोनों उनके लिए पवित्र हैं।

4. त्रिविक्रम का रहस्य

अज्ञानता से असुरक्षा और उद्दंडता पैदा होती है

विष्णु, लक्ष्मी और सरस्वती के साथ-13वीं शताब्दी के बंगाल की प्रतिमा

  विष्णु के सात रहस्य

लक्ष्मी जिस प्रकार धन-सम्पत्ति की देवी है, उसी प्रकार सरस्वती विद्या तथा ज्ञान की देवी हैं। लक्ष्मी लाल रंग के वस्त्र पहनती हैं और आभूषणों से ढकी रहती हैं, परन्तु सरस्वती श्वेत वस्त्र धारण करती है, और कोई आभूषण नहीं पहनती। लक्ष्मी जहाँ भी जाती हैं, समृद्धि लाती हैं, परन्तु सरस्वती जहाँ जाती हैं, शान्ति लाती है। दोनों को प्रायः एक साथ नहीं देखा जाता।

लक्ष्मी उन स्थलों की ओर विशेष रूप से आकृष्ट होती है, जहाँ सरस्वती का निवास होता है। इसलिए समृद्धि हमेशा शान्ति के पीछे चलती है। परन्तु जब लक्ष्मी आती है, उस समय सरस्वती से ध्यान हटकर लक्ष्मी की ओर चला जाता है। इसलिए सरस्वती रुष्ट होकर वह स्थान छोड़ देती हैं। उनकी अनुपस्थिति में लक्ष्मी की बहन अलक्ष्मी उनका साथ देने के लिए पहुँच जाती है। अलक्ष्मी के साथ झगड़े भी आते हैं। झगड़ों के कारण शान्ति नष्ट होती है। शान्ति नष्ट होने पर समृद्धि धीरे-धीरे समाप्त होना शुरू हो जाती है। अन्त में लक्ष्मी वहाँ से चली जाती है और कुछ शेष नहीं रहता।

देवों के साथ यह निरन्तर होता रहता है। जब लक्ष्मी इन्द्र के बगल में बैठती है, वह सरस्वती की उपेक्षा करती है और असुरक्षित भोगवादी बनी रहती है, जिस का परिणाम उसका विनाश होता है। सद्बुद्धि वापस आने पर ही वह भी लौटती है, और इन्द्र, विष्णु को आत्मसमर्पण कर देते हैं।

असुरों के साथ भी यही हुआ। दूध के समुद्र से प्राप्त उपहार लुप्त हो जाने के बाद उन्होंने तपस्वी का जीवन अपनाया और सरस्वती को प्राप्त किया उन्होंने शिव तथा ब्रह्मा से अनेक वरदान प्राप्त किए और अपार बलशाली हो गए। उन्होंने देवताओं को हटा दिया, उनकी राजधानी अमरावती पर कब्जा कर लिया और लक्ष्मी को भी हड़प लिया। परन्तु धन तथा शक्ति को प्राप्त कर उन्होंने सरस्वती को भुला दिया, वे उद्दंड हो गए और इससे उत्पन्न उठा पटक में वे फिर विष्णु के निशाने पर आ खड़े हुए।

देव और असुर दोनों एक समय में लक्ष्मी या सरस्वती, एक ही देवी पर ध्यान देते हैं। परन्तु विष्णु हर समय दोनों देवियों पर समान ध्यान बनाए

ज्ञान की देवी, सरस्वती–पोस्टर कला

रखते हैं। लक्ष्मी विष्णु की भोगपत्नी हैं जो उनको धरती के मनुष्यों की आवश्यकताओं से जोड़ती हैं। सरस्वती उनकी मोक्ष पत्नी हैं जो उन्हें मनुष्य की आध्यात्मिक आवश्यकताओं के समीप लाती हैं। वे जानते हैं कि दोनों में मतभेद हैं, इसलिए वे सरस्वती को अपने मुँह में छिपाकर रखते हैं और लक्ष्मी को पैरों के पास बिठाते हैं। इस तरह वे दोनों में तालमेल बनाकर रखते हैं।

'महाभारत' में पाण्डव इन्द्रप्रस्थ का साम्राज्य स्थापित करने के तुरन्त बाद इसे, इन्द्र की भाँति जुए में हार जाते हैं और तेरह वर्षों के लिए उस पर अपना अधिकार खो देते हैं। इस तरह लक्ष्मी को खो देने के बाद पाण्डव जंगलों में अपमानजनक ढंग से भटकने के लिए छोड़ दिए जाते हैं। इस बीच फिर उन्हें सरस्वती का ज्ञान होता है और लक्ष्मी का उनके जीवन में दुरुपयोग भी समझ में आ जाता है। वनवास समाप्त होने पर वे कौरवों से अपना राज्य वापस माँगते हैं, परन्तु वे अपने वचन से मुकर जाते हैं, और राज्य वापस देने से साफ इन्कार कर देते हैं। पाण्डव और कौरव दोनों की ओर से युद्ध की घोषणा की जाती है, क्योंकि दोनों इन्द्रप्रस्थ पर अपना अधिकार घोषित कर रहे हैं। दोनों सहायता के लिए कृष्ण के पास जाते हैं। कृष्ण कहते हैं कि दोनों मुझसे इनमें से एक-एक चीज़ ले लो—मेरी सेना या मैं खुद अकेला। पाण्डवों की ओर से अर्जुन अकेले कृष्ण का चुनाव करते हैं। कौरवों की ओर से दुर्योधन उनकी सेना माँगते हैं। इस तरह पाण्डव वह चुनते हैं जो कृष्ण 'हैं' और कौरव वह जो 'उनके पास है'। युद्ध में कौरव सब कुछ हार जाते हैं और पाण्डव बुद्धि तथा राज्य दोनों को प्राप्त कर लेते हैं।

सरस्वती की प्राप्ति-यात्रा ब्रह्मा से ब्रह्म की ओर है, जीवात्मा से परमात्मा की ओर है, सीमा से अनन्त की ओर है। यह यात्रा 'मेरे पास क्या है', से 'मैं स्वयं क्या हूँ' की ओर है। परन्तु माया में 'मेरे पास क्या है' को ही 'मैं स्वयं क्या हूँ' मान लिया जाता है। मेरे पास जितना ज्यादा होता है उतना ही ज्यादा 'मैं जो हूँ' भी होता चला जाता है। हम अपनी छवि खुद बनाने लगते हैं। यह भ्रम होता है। समुद्र मंथन के बाद जब असुरों को धन तथा

वराह का लघु चित्र

वराह की बाँहों में भूदेवी—तमिलनाडु में गुफा की दीवार पर अंकित चित्र

अमरता दोनों से वंचित कर दिया गया, तब उन्होंने यही मार्ग अपनाना आरम्भ कर दिया। सरस्वती की आराधना करने के स्थान पर उन्होंने लक्ष्मी की आराधना आरम्भ कर दी। उन्होंने स्वयं को धोखा देना शुरू कर दिया कि लक्ष्मी को प्राप्त कर ही वे धनवान और अमर दोनों हो जायेंगे। वे यह नहीं समझे कि लक्ष्मी प्राप्त होने पर भी देवता हमेशा चिन्तित और असुरक्षित महसूस करते हैं।

अब हिरण्याक्ष नामक एक असुर पृथ्वी की देवी, भूदेवी को समुद्र के नीचे खींच ले जाता है और उस पर अधिकार जमाने की कोशिश करता है। घोषणा करता है कि मैं इसका स्वामी हूँ। यह उसका भ्रम है। पृथ्वी तो किसी की नहीं है। उस पर अधिकार की घोषणा करना, या उसके किसी भाग पर अधिकार जताना, अज्ञानता का सूचक है।

हिरण्याक्ष द्वारा भूदेवी के अपहरण से देवता परेशान हो उठते हैं और वे अपने पिता ब्रह्मा से इसकी शिकायत करते हैं। ब्रह्मा सुनते हैं कि भूदेवी रो रही है। क्रोध के कारण उनके नथुनों से आग की चिनगारियाँ निकलने लगती हैं। एक नथुने से एक जंगली रीछ प्रकट होता है जिसके लम्बे चमकते दाँत हैं। ये विष्णु हैं जो वराह का रूप धारण कर प्रकट हुए हैं।

वराह समुद्र में छलाँग लगाकर कूद पड़ता है और हिरण्याक्ष को युद्ध की चुनौती देता है। दोनों में भयंकर लड़ाई होती है। परन्तु हिरण्याक्ष भूदेवी को छोड़ने के लिए तैयार नहीं है। लेकिन अन्त में वराह हिरण्याक्ष को चीरकर मार गिराता है। इसके बाद वह समुद्र की सतह पर भूदेवी को अपने मुँह पर बिठाए प्रकट होता है। भूदेवी विष्णु की प्रशंसा में गीत गा रही हैं। वे उन्हें भूपति घोषित कर देती हैं और उन्हें अपना पति मान लेती हैं। वे उनकी देखभाल करने का वचन देते हैं। कहते हैं, 'जो भी तुम्हारा सम्मान नहीं करेगा, वह मुझे जवाब देगा।'

इस दिन से विष्णु पृथ्वी के संरक्षक बन जाते हैं, वे आसमान तक ऊपर उठकर उसकी रक्षा करते हैं। इसलिए विष्णु दिन के आसमान की तरह नीले और रात के आसमान की तरह काले हैं।

गोवा में दिवाली पर नरकासुर का दहन

नरक के महल पर आक्रमण—ताड़ पत्र पर अंकित चित्र

    विष्णु के सात रहस्य

कुछ का कहना है कि जब वे समुद्र से बाहर निकले, तब भूदेवी ने वराह को ही अपना पति मान लिया और उन्हें 'भूपति' नाम दे दिया। उनका प्रेम-व्यवहार इतना ज़बरदस्त था, कि विष्णु के आलिंगन से पृथ्वी चरमरा कर टूटने लगी और उस पर पहाड़ और घाटियाँ बनने लगीं। फिर विष्णु ने अपने दाँत पृथ्वी के भीतर ज़ोर से भोंके, तो उससे सब तरह के पेड़े-पौधों के बीज निकलकर उसके भीतर फैल गए।

वराह और भूदेवी के संयोग से एक बच्चा पैदा हुआ जिसका नाम था नरक। विष्णु का बेटा होने के बावजूद उसका स्वभाव असुरों का था, और अन्य असुरों की तरह उसे भी शक्तिमान होने की चाह थी। उसने ब्रह्मा की पूजा की और उनसे अमरता का वर माँगा। ब्रह्मा के इन्कार करने पर उसने कहा, 'मैं तभी मारा जाऊँ, जब मैं अपनी माँ पर हमला करूँ।' उसे विश्वास था कि वह कभी पृथ्वी पर हमला नहीं करेगा। ब्रह्मा ने उसे यह वरदान दे दिया, तो उसने पृथ्वी को तो छोड़ दिया, पर स्वर्ग पर हमला करके देवों को दबोच लिया, और इन्द्र की छतरी तथा अदिति के कान के बुन्दों की माँग करने लगा। कृष्ण ने इस पर उसे लड़ने के लिए ललकारा। नरक ने देखा कि कृष्ण के साथ उनकी रानी सत्यभामा भी बैठी हैं। नरक यह नहीं समझ पाया कि कृष्ण और सत्यभामा विष्णु तथा भूदेवी के ही मानव अवतार हैं, इसलिए वे उसके माता-पिता भी हैं। उसने कृष्ण की ओर अपना हथियार फेंका, जो सत्यभामा को जा लगा। इस प्रकार उसने अपनी माँ पर हमला किया था। इस कारण उसका मरना सम्भव हो गया और वह कृष्ण का शिकार हो गया।

नरक की प्रतिमाएँ कोंकण तट पर दिवाली के दिनों में जलाई जाती हैं। प्रकाश का यह त्योहार शरद में फसलों की कटाई के समय पड़ता है। यह लक्ष्मी के आगमन का स्वागत करता है। इसमें असुर के जनक और विनाशक दोनों विष्णु ही हैं, जिससे शायद यह ध्वनित होता है कि बीज बोने वाला किसान ही फसल का काटने वाला भी होता है। यह पर्व हमें यह भी सूचित करता है कि प्रति वर्ष असुर का नाश किया जाना आवश्यक है।

भूदेवी लक्ष्मी का व्यक्त रूप है। लक्ष्मी का एक और रूप, श्रीदेवी, भी

लक्ष्मी के दो रूप; श्रीदेवी और भूदेवी, विष्णु के साथ–कैलेन्डर कला

खम्भे से प्रकट होते नरसिंह–मैसूर चित्र

है, जो अदृश्य धन-सम्पत्ति की सूचक है। यह उस सफलता और यश की ओर भी इशारा करता है, जिन्हें हर व्यक्ति पाना चाहता है। श्रीदेवी शची भी हैं जो इन्द्र के साथ बैठती हैं। भूदेवी पुलोमी हैं जिसका असुर अपहरण कर लेते हैं। परन्तु दोनों में से कोई भी उनके साथ नहीं रहती। भूदेवी और श्रीदेवी दोनों विष्णु के पास वापस लौट आती हैं।

प्रकृति ने हर प्राणी को जीवित रहने के लिए दो चीज़ें दी हैं : शक्ति या चतुराई। अमरता की तलाश में हिरण्याक्ष शक्ति का उपयोग करता है। लेकिन इसमें वह असफल हो जाता है। इसलिए उसका भाई हिरण्यकशिपु दूसरी विधि की सहायता लेता है। वह ब्रह्मा की आराधना करके उनसे कहता है, अगर आप मुझे अमरता का वर नहीं देते, तो यह दीजिए कि मुझे वही प्राणी मारने में सफल हो जो न मनुष्य हो न पशु, न हथियार से मैं मरूँ और न पुरजे से, न धरती पर और न आसमान में, न घर के भीतर और न घर के बाहर, और न उस समय दिन हो न रात हो। ब्रह्मा उसे यह वरदान दे देते हैं और हिरण्यकशिपु समझने लगता है कि अब वह कभी नहीं मरेगा। उसने सोचा, 'इसलिए मैं आध्यात्मिक सत्य बन गया हूँ, मैं ईश्वर हूँ।'

यहाँ हिरण्यकशिपु अमरता प्राप्त करने के लिए सरस्वती की सहायता लेता है, इसलिए लक्ष्मी उसे प्राप्त होती है। परन्तु असुरों के लिए सरस्वती एक साधन मात्र है, अन्त नहीं है। जब लक्ष्मी प्राप्त करने के लिए सरस्वती की पूजा की जाती है, तब उसे विद्या-लक्ष्मी कहते हैं। विद्या-लक्ष्मी 'मेरे पास जो है', उसकी वृद्धि करती है, 'जो मैं हूँ' यानी ब्रह्म, उसकी ओर नहीं ले जाती। जीवात्मा माया के जाल में फँसा जीवात्मा ही बना रहता है।

ईश्वर का गुण अमरता ही नहीं है। देवताओं को अमरता प्राप्त है, परन्तु वे देव ही बने रहते हैं, ईश्वर नहीं हो पाते, क्योंकि वे हमेशा अप्रसन्न और असुरक्षित बने रहते हैं, और लक्ष्मी को आकृष्ट करने तथा बनाए रखने में सफलता नहीं प्राप्त करते। इसके अलावा देवता पृथ्वी के ऊपर ही वास करते हैं। वे धरती के भीतर नहीं रहते। ईश्वर या परमात्मा हर जगह रहता है।

हिरण्यकशिपु का वध–कालीघाट चित्र

हिरण्यकशिपु का बेटा प्रह्लाद उसे ईश्वर मानने से इन्कार कर देता है। वह केवल विष्णु की पूजा करता है। हिरण्यकशिपु क्रोधित होकर उसे दंडित करना शुरू कर देता है। पहले उसे जल में फेंक देता है, तो विष्णु उसे डूबने से बचा लेते हैं। फिर वह उसे पहाड़ की चोटी से नीचे ढकेल देता है, तो वे उसे उठा लेते हैं। तब हिरण्यकशिपु अपनी बहन होलिका को आदेश देता है कि वह प्रह्लाद को गोद में लेकर आग में चले। होलिका को वरदान प्राप्त है कि उस पर आग का कोई असर नहीं होगा, परन्तु, असुरराज को यह देखकर आश्चर्य होता है कि बहन तो आग में जलकर राख बन गई, परन्तु बेटा सही सलामत उसमें से बाहर निकल आया। यह इसलिए सम्भव हुआ क्योंकि विष्णु को ब्रह्मा द्वारा दिए वरदान को उलटने की शक्ति प्राप्त है। सर्दी के बाद जब वसंत आता है, तब होली का त्योहार मनाया जाता है, जिस का आधार यह कहानी बताई जाती है।

अन्त में हिरण्यकशिपु प्रह्लाद से इसका रहस्य पूछता है। 'विष्णु आकाश और समय के देवता हैं। मृत्यु को चकमा देकर आपने समय को ही जीता है। आकाश को आपने नहीं जीता। आप यहाँ हैं, परन्तु विष्णु सर्वत्र हैं। इसलिए वे ईश्वर हैं आप नहीं हैं।'

हिरण्यकशिपु इसे स्वीकार नहीं करता। वह प्रह्लाद को चुनौती देता है, 'तुम्हारा क्या यह कहना है कि विष्णु मेरे महल के इस खम्भे में भी हैं?' प्रह्लाद 'हाँ' में सिर हिलाता है। उसको गलत साबित करने के लिए खम्भे में लातें मारकर उसे तोड़ देता है। खम्भा गिरता है तो वह आश्चर्य से देखता है कि उसमें से एक प्राणी बाहर निकलता है। यह प्राणी अद्भुत है, क्योंकि यह न मनुष्य है, न पशु। यह आधा शेर है और आधा मनुष्य—नर सिंह। वह असुर को अपने लंबे नाखूनों से जकड़ लेता है, जो न हथियार है और न पुरज़ा। वह असुर को महल की चोखट तक खींच लाता है जो न घर के भीतर है और न उसके बाहर। वह असुर को अपनी जाँघ पर रख लेता है, जो न ज़मीन के ऊपर है और न आसमान में है। शाम का झुटपुटा हो चला है, जो न दिन है, न रात। अब वह हिरण्यकशिपु का पेट फाड़ता है और उसका खून पी जाता है। इस प्रकार असुर की चालाकी को ईश्वर के न्याय ने परास्त किया।

नरसिंह की जाँघ पर बैठी लक्ष्मी—आंध्र से प्राप्त मिट्टी की मूर्ति

110   विष्णु के सात रहस्य

इस तरह असुर का खून पीने के कारण विष्णु को 'रक्त पिपासु' कहा जाने लगा। लक्ष्मी प्रकट होकर उनकी गोद में जा बैठी जिस से उन्हें शान्त रख सकें। इसके बाद नर सिंह शान्त हो गए और उन्होंने प्रह्लाद को आशीर्वाद दिया।

हिरण्यकशिपु किसी ऐसे प्राणी की कल्पना नहीं कर सका जो आधा मनुष्य हो और आधा पशु हो। वह यह भी कल्पना नहीं कर सकता था कि किसी खम्भे को फाड़कर उसमें से कोई निकल आए। दूसरे शब्दों में कहें, तो विष्णु उसकी कल्पना से आगे बढ़ गया। विष्णु सम्बन्धी कथाओं में यह कथा यह भी याद दिलाती है कि मानवी कल्पना तथा मानवी स्मृति देवत्व की सीमाएँ निर्धारित कर सकती हैं। सृष्टि में हमेशा कुछ ऐसा होता है जो हमें आश्चर्य चकित कर देता है।

विष्णु की कथाओं में यह बार-बार हमारे सामने आता है। 'रामायण' में जब सीता सोने के हिरन को देखती हैं और राम से उसे उनके लिए मँगवाने का आग्रह करती हैं, तो लक्ष्मण कहते हैं कि ऐसा जीव हो ही नहीं सकता, क्योंकि यह प्राकृतिक नहीं है। इस पर राम का कहना यह था कि प्रकृति की सीमाएँ जानने का दावा मत करो। प्रकृति अनन्त है। मनुष्य का मस्तिष्क ही सीमित है।

'महाभारत' में कौरवों की सेना के अधिपति, भीष्म बताते हैं कि उनको तब तक नहीं मारा जा सकता, जब तक उन्हें अपना धनुष नीचे करने को विवश न कर दिया जाय, और वे किसी भी मनुष्य के सामने ऐसा नहीं करेंगे। इसका तात्पर्य यह था कि इसके लिए उनके सामने किसी स्त्री को ले जाना पड़ेगा। परन्तु युद्ध के मैदान में स्त्रियों का जाना वर्जित था। इसलिए नौ दिन तक भीष्म को मारना सम्भव नहीं हुआ और कौरव तथा पाण्डवों का युद्ध जैसे एक जगह आकर खड़ा हो गया। अन्त में कृष्ण ने पाण्डवों को सलाह दी कि शिखंडी अर्जुन के रथ पर बैठकर युद्ध के मैदान में प्रवेश करे और भीष्म को लड़ने के लिए ललकारे। शिखंडी स्त्री के रूप में पैदा हुआ था, परन्तु बाद में किसी यक्ष के प्रयत्न से पुरुष में परिवर्तित हो गया था। अब

संयुक्त पशु, नवगुंजर, का पट्ट चित्र–उड़िया ‘महाभारत’ में वर्णित

   विष्णु के सात रहस्य

शिखंडी अपने को पुरुष मानता है, परन्तु भीष्म उसका यह लिंग-परिवर्तन स्वीकार नहीं करते और उसे स्त्री ही मानते हैं। जब वह अर्जुन के रथ पर बैठकर उनके सामने पहुँच जाता है, तो भीष्म अपना धनुष नीचे कर लेते हैं और अर्जुन को उनपर हमला करने का अवसर मिल जाता है। इस प्रकार विष्णु लिंग-परिवर्तन को स्वीकार करते हैं। भीष्म इसे स्वीकार करने से इन्कार कर देते हैं, इसलिए उनकी मृत्यु हो जाती है।

'महाभारत' के तमिल संस्करण में अर्जुन के एक पुत्र अरवन की चर्चा आती है। युद्ध में विजय प्राप्त करने के लिए पाण्डवों को सलाह दी गई है कि वे किसी ऐसे व्यक्ति का बलिदान दें जिसके शरीर पर धार्मिक चिह्न अंकित हों। पाण्डवों के शिविर में ऐसे तीन ही व्यक्ति हैं, जिनके शरीर पर ऐसे चिह्न अंकित हैं : कृष्ण, अर्जुन और अरवन। चूँकि कृष्ण और अर्जुन युद्ध के आवश्यक अंग हैं, इसलिए अरवन अपना बलिदान देने को तैयार हो जाता है। परन्तु उसकी एक शर्त है : मैं शादी करके भोग का सुख प्राप्त करना चाहता हूँ, जिसके बाद मैं मरने को तैयार हूँ। मैं अपने पीछे ऐसी विधवा छोड़ना चाहता हूँ जो मेरे लिए सच्ची भावना से विलाप करेगी। अब पांडव ऐसी किसी स्त्री की तलाश में निकलते हैं, परन्तु कोई स्त्री उससे इस शर्त के साथ विवाह करने को तैयार नहीं होती। अन्त में कृष्ण स्वयं इसका उपाय लेकर सामने आते हैं। वे मोहिनी का रूप धारण कर अरवन से विवाह कर लेते हैं। दोनों एक रात एक साथ गुजारते हैं और सवेरे जब अरवन मर जाता है, उसकी विधवा बनकर रोते हैं।

'महाभारत' के उड़िया संस्करण में महान धनुर्धारी अर्जुन एक बार एक ऐसे पशु से टकरा जाते हैं, जो एक शरीर में नौ जानवरों का संयुक्त रूप है। इसका सिर मुर्गे का है, गर्दन मोर की है, पीठ बैल की है, कमर शेर की है, पैर हाथी, मनुष्य, हिरन और चीते के हैं, और पूछ साँप की है। उसे देखकर अर्जुन डर जाते हैं और मारने के लिए धनुष तानने लगते हैं, पर तभी उन्हें दिखाई देता है कि उसके मानवी हाथ में कृष्ण का चक्र है। यह देखकर वे रुक जाते हैं, और सोचने लगते हैं कि इस राक्षसी पशु को किस कोटि का मानूँ। यह सब परिचित परिभाषाओं से अलग है, यह सब पारम्परिक धारणाओं

बामन की प्रतिमा—माटन, गुजरात, के एक सीढ़ीदार कुएँ में अंकित

को चुनौती देता है। यह मानवी ज्ञान की सीमाओं के पार से प्रकट हुआ प्रतीत होता है। इसलिए वे इस निश्चय पर पहुँचते हैं, कि यह एक दैवी प्राणी है। यह कृष्ण है यह ईश्वर है। जो मानवी तर्क में सम्भव नहीं है, वह दैवी विचार में सम्भव है। अर्जुन अपना धनुष नीचे रख देते हैं और ईश्वर के इस जादुई व्यक्तित्व के सामने अपना सिर झुका देते हैं।

हिरण्याक्ष अपने असन्तोष पर विजय पाने के लिए शक्ति का उपयोग करता है और सर्वशक्तिमान बन जाता है। हिरण्यकशिपु चालाकी का सहारा लेता है। उनके बाद आने वाले असुर विरोचन और बाली, इसी उद्देश्य से अपनी प्रजा का प्रेम और आदर प्राप्त करने के लिए उदारता का प्रयोग करते हैं। हिरण्याक्ष और हिरण्यकशिपु दोनों आत्म केन्द्रित व्यक्तित्व हैं, परन्तु विरोचन और बाली दूसरों की चिन्ता करते हैं। यह प्रगति का सूचक है। हिरण्याक्ष और हिरण्यकशिपु दूसरों को अपने से अलग रखते हैं, विरोचन और बाली उन्हें अपना अंग मानते हैं। इसलिए असुर होते हुए भी पुराणों में उनके प्रति आदर व्यक्त किया गया है।

लेकिन विरोचन और बाली का ध्यान ज़्यादातर 'मेरे पास क्या है' पर है, 'मैं क्या हूँ' पर नहीं है। वे सोचते हैं कि भौतिक आवश्यकताएँ पूरी होने पर मनुष्य सुखी हो जाता है। वे यह समझ नहीं पाते कि जब तक मनुष्य माया से प्रभावित है, उसकी भौतिक आवश्यकताएँ कभी पूरी नहीं होंगी। संतोष तभी प्राप्त होता है, जब भौतिक उन्नति के साथ-साथ आध्यात्मिक उन्नति भी होती रहे।

विरोचन प्रह्लाद का बेटा है और अन्य असुरों की कथाओं की ही तरह वह भी तब तक सर्वशक्तिमान बना रहता है, जब तक विष्णु मोहिनी का रूप धारण कर उसके पास नहीं आते, और उससे कोई उपहार नहीं मांग लेते। विरोचन कहता है, आप जो चाहें दूँगा। मोहिनी तुरन्त उससे उसका सिर माँग लेती हैं। विरोचन अपने वचन का पालन करने के लिए सिर काट कर दे देता है, और देवता प्रसन्न हो जाते हैं।

विरोचन का बेटा बाली अन्य सब असुर राजाओं से ज़्यादा शक्तिशाली हो जाता है। परन्तु अपने पिता की तरह वह भी बहुत उदार है। इस कारण

त्रिबिक्रम की विशाल प्रतिमा–केरल

वह बहुत लोकप्रिय भी हो गया है। उसके राज्य में सभी सुखी और समृद्ध हैं। उसका यश दूर-दूर तक फैल जाता है और कुछ समय बाद देवों से भी आगे बढ़ जाता है। मनुष्य भी उसका सम्मान करते हैं, और अन्त में शची भी इन्द्र को छोड़कर ज्ञानी तथा श्रेष्ठ बाली के बगल में जाकर बैठ जाती हैं। बाली इतना महान है कि उसके राज्य में प्रत्येक वस्तु पूर्ण प्रतीत होती है; सबकी ज़रूरतें पूरी होती हैं, रोग और मृत्यु भी समाप्त हो गए हैं। लोग सोचने लगते हैं कि अवश्य बाली ही ईश्वर है। बाली स्वयं अपने को ईश्वर समझने लगता है, क्योंकि वह हर व्यक्ति की सारी आवश्यकताएँ तथा इच्छाएँ पूर्ण करने में सफल है।

अब विष्णु वामन, यानी छोटे कद के मनुष्य का रूप लेकर उसके सामने प्रकट होते हैं। बाली कहता है, 'जो चाहो माँग लो।' वामन तीन पग ज़मीन की माँग करते हैं। बाली बिना सोचे-समझे कहता है, 'ले लो।' परन्तु बाली के पुरोहित शुक्र विष्णु को पहचान लेते हैं। वे बाली को रुक जाने की सलाह देते हैं, परन्तु बाली दिया गया वचन तोड़ने को तैयार नहीं होता।

दान का यह कार्य पूरा करने के लिए बाली को अपने जल-पात्र की नली से जल डालना आवश्यक है। इसे रोकने के लिए शुक्र अपना आकार छोटा करके पात्र की नली में घुस जाते हैं। विष्णु समझ जाते हैं कि शुक्र क्या करना चाहते हैं, इसलिए जब नली में से पानी नहीं निकलता, तब वे घास का तिनका लेकर उसकी नोंक पैनी करते हैं और उसे नलकी में डालकर शुक्र की आँख में घुसा देते हैं। शुक्र दर्द से चीखते हुए बाहर आते हैं और नलकी से पानी बहना शुरू हो जाता है। क्रिया पूरी हो जाती है और वामन को तीन पग ज़मीन लेने का अधिकार मिल जाता है।

अब वामन बाली के सामने ही छोटे से विशाल होने लगते हैं, और एक पग में आसमान नाप लेते हैं तथा दूसरे पग में सारी धरती पर कब्जा कर लेते हैं। अब विष्णु गूँजती आवाज़ में, जो तीनों जगत में फैल जाती है, कहते हैं, अब अपना तीसरा पग मैं कहाँ रखूँ? बाली विष्णु का यह विशाल रूप देखकर आश्चर्य में डूब जाता है और सिर झुकाकर कहता है, तीसरा पग आप मेरे सिर पर रख दें। विष्णु उसके सिर पर पैर रखकर उसे धरती के भीतर पाताल में पहुँचा देते हैं, जो असुरों का सही स्थान है।

त्रिविक्रम के रूप में विष्णु–कैलेन्डर कला

जो लोग विष्णु का यह विशालकाय स्वरूप देखते हैं, वे कह उठते हैं कि विष्णु ही त्रिविक्रम हैं, देवों, मनुष्यों और असुरों के तीनों लोकों के विजेता वे सारी सृष्टि में फैले हैं, वे ईश्वर हैं।

बाली अच्छा राजा है, जो अपने पिता की तरह मान लेता है कि यदि वह सब प्राणियों की सब इच्छाओं को पूर्ण करने में सफल है, तो फिर सब ठीक है। अपनी काया को बढ़ाकर विष्णु बाली का ध्यान एक और तथ्य की ओर आकृष्ट करना चाहते हैं : कि मनुष्य की इच्छाएँ अनन्त हैं, परन्तु प्रकृति के साधन सीमित हैं। बाली को इस सच्चाई का ज्ञान कराने के लिए ही वे अपने शरीर का आकार बढ़ाते चले जाते हैं। उनके विशाल रूप को देखकर बाली को अपनी क्षुद्रता समझ में आने लगती है।

विष्णु की कथाओं में मनुष्य की प्रत्येक इच्छा पूर्ण करने का विचार पसन्द नहीं किया जाता लगता है। जो व्यक्ति दूसरे को 'जो भी वह चाहे' देने की बात कहता है, उसे उद्दण्ड माना जाता है। ऐसा व्यक्ति अपनी योग्यता और क्षमता को नहीं समझता, ऐसा कार्य हमेशा संकट का कारण बनता है।

'रामायण' में दशरथ अपनी पत्नी कैकेयी से एक नहीं, दो बार—जो चाहो माँगो, की बात कहते हैं। इस पर वह माँग लेती है कि राज्य के अधिकारी राम को चौदह वर्ष का वनवास दे दिया जाए, और उनके स्थान पर उनके अपने पुत्र भरत को राजा बना दिया जाय। इस प्रकार राजा का वचन सारे देश के लिए संकट का कारण बन जाता है।

इसी प्रकार 'महाभारत' में भी शांतुन अपनी पत्नी गंगा को ऐसा ही वचन दे बैठते हैं। और वह यह माँग लेती है कि उसके किसी कार्य पर आपत्ति न की जाय। वे मान लेते हैं, और ये भयंकर दृश्य देखने लगते हैं कि उनकी सन्तान पैदा होते ही गंगा उसे नदी में बहा देती है। इस तरह बड़े उदार दिखाई देने वाले ये वरदान बहुत हानिकारक सिद्ध होते हैं, क्योंकि ये वास्तव में भ्रम के परिणाम हैं। ईश्वर के अलावा कोई और 'जो चाहो, वह मिलेगा' का वचन पूरा नहीं कर सकता।

सृष्टि में विद्यमान प्रत्येक जीवात्मा की अपनी स्थितियाँ तथा सीमाएँ हैं। इसलिए देवों को उनके स्वर्ग की सीमाओं तक रहने की स्वतन्त्रता है, मनुष्यों

विष्णु और उनकी दो पत्नियाँ—केरल में बनी मिट्टी की मूर्ति

को रहने के लिए पृथ्वी दी गई है, और असुरों को धरती के नीचे का भाग प्रदान किया गया है। असुर अपनी महत्त्वाकांक्षाएँ पूरी करने के लिए दूसरों के प्रदेशों पर आक्रमण करते हैं। वे उन पर कब्जा भी कर लेते हैं, परन्तु फिर विष्णु प्रकट होकर जैसा वामन तथा बाली की कथा से स्पष्ट है—उन्हें अपने प्रदेश में रहने के लिए विवश कर देते हैं।

परन्तु प्रति वर्ष बाली को एक बार धरती पर उठने की अनुमति प्राप्त है। इस अवसर पर हर प्रदेश में त्योहार मनाए जाते हैं, जैसे उत्तर भारत में दिवाली और केरल में ओणम्। यह समृद्धि का समय होता है। फसल काटकर बखारों में भरने के लिए ले जाते हुए बाली का उसी तरह नाश किया जाता है, जैसे अन्य असुरों का किया जाता है। उन्हें धरती के भीतर वापस भेजने से ही, संजीवनी विद्या की कृपा से, वे फिर उगते और फूलते हैं और नई फसल बन जाते हैं।

असुर तथा देव दोनों एक समान हैं। दोनों कश्यप के पुत्र, ब्रह्मा के पौत्र हैं, इसलिए दोनों मृत्यु से परिचित हैं। दोनों लक्ष्मी की कामना करते हैं। और मानते हैं कि उनके आने से सुख प्राप्त होगा। दोनों सरस्वती की उपेक्षा करते हैं, इसलिए लक्ष्मी भी उन्हें छोड़ जाती है और उनका सुख समाप्त हो जाता है।

असुर और देव एक-दूसरे से नितान्त भिन्न भी हैं। जहाँ देवता स्थायित्व की कामना करते हैं, असुर विकास चाहते हैं। देव, अपने पास जो है, उससे संतुष्ट रहते हैं, परन्तु उसे खो देने के डर से असुरक्षित भी महसूस करते हैं। वे अधिक की अपेक्षा नहीं करते। वे स्वर्ग की सीमाओं से बाहर नहीं निकलना चाहते। इन्द्र कभी तीनों लोकों पर शासन करने की कामना नहीं करते। परन्तु असुर तीनों लोकों पर अपना कब्जा चाहते हैं। वे, अपने पास जो है, उससे कभी संतुष्ट नहीं होते। वे भूमि के नीचे स्थित अपने प्रदेश तक सीमित रहना नहीं चाहते। वे पृथ्वी के अलावा स्वर्ग पर भी अपना शासन चाहते हैं।

देव तथा असुर मानव व्यक्तित्व के दो पहलुओं की अभिव्यक्तियाँ हैं। एक को स्थायित्व चाहिए, दूसरे को विकास। पहली हमें या तो असुरक्षित बनाती है या अतिविश्वासी। दूसरी से हमें निराशा या अस्थिरता प्राप्त होती

वराह, नरसिंह और वामन अवतार—मैसूर चित्र

है। हम लक्ष्मी की अधिक कामना करते हैं। कभी-कभी हम सरस्वती की भी कामना करते हैं, परन्तु वह भी लक्ष्मी की प्राप्ति के ही लिए—और जब लक्ष्मी आ जाती है तब हम सरस्वती की उपेक्षा करने लगते हैं, जिससे हमें हानि ही होती है। यह इस बात का प्रमाण है कि अभी तक हमने आध्यात्मिक सत्य का ज्ञान या साक्षात्कार प्राप्त नहीं किया है। यह विष्णु ही हैं।

विष्णु हिरण्याक्ष पर बल से और हिरण्यकशिपु पर चतुराई से विजय प्राप्त करते हैं। वामन के रूप में विष्णु बाली को परास्त करते हैं, और उसे याद दिलाते हैं कि अस्तित्व का उद्देश्य तीनों लोकों पर अधिकार करना नहीं है, बल्कि ब्रह्म की अनन्त शक्ति तक पहुँचना है। इसके लिए भौतिक विकास के अलावा बौद्धिक तथा भावात्मक प्रगति की आवश्यकता भी होती है, जिसकी अभिव्यक्ति चेतना की उदारता तथा नम्रता में होती है।

हिरण्याक्ष, हिरण्यकशिपु और बाली के विरुद्ध, इन्द्र के समर्थन में किए गए विष्णु के कार्यों से लग सकता है कि ईश्वर पक्षपाती हैं। इससे कोई इस निर्णय पर भी पहुँच सकता है कि असुर बुरे हैं और देवता अच्छे हैं। परन्तु यह साधारणीकृत परिणाम है। देव असुरक्षित और आत्मसंतुष्ट हैं और अतिभोग के प्रति समर्पित हैं। इसलिए उन्हें आदर्श व्यवहार का मानक नहीं माना जा सकता। इसके विपरीत असुर, कम से कम विरोचन और बाली उदार हैं और उन्हें शैतान मानने की जगह नायक माना जा सकता है, जिनके विरुद्ध अन्याय किया गया है। असुर होते हुए भी प्रह्लाद विष्णु के सबसे बड़े भक्तों में से एक हैं।

बुरे देवता और अच्छे असुरों का यह विचार बहुत गड़बड़ पैदा करता है, परन्तु यह इस मौलिक मान्यता से उत्पन्न होता है कि देवता और दानवों का विभाजन नैतिक आधार पर किया गया है। यह ज़्यादातर अठारहवीं शताब्दी में साधारण अंग्रेज़ी में किए गए हमारे धर्म ग्रन्थों के अनुवादों का परिणाम है, जिनमें देवताओं को 'अच्छा' और असुरों को 'बुरा' बताया गया है।

पुराणों में देव और असुर केवल दो प्राणियों के वर्गों के नाम हैं, जिनमें से एक आसमान में रहता है और दूसरा ज़मीन के भीतर। विष्णु के कार्य

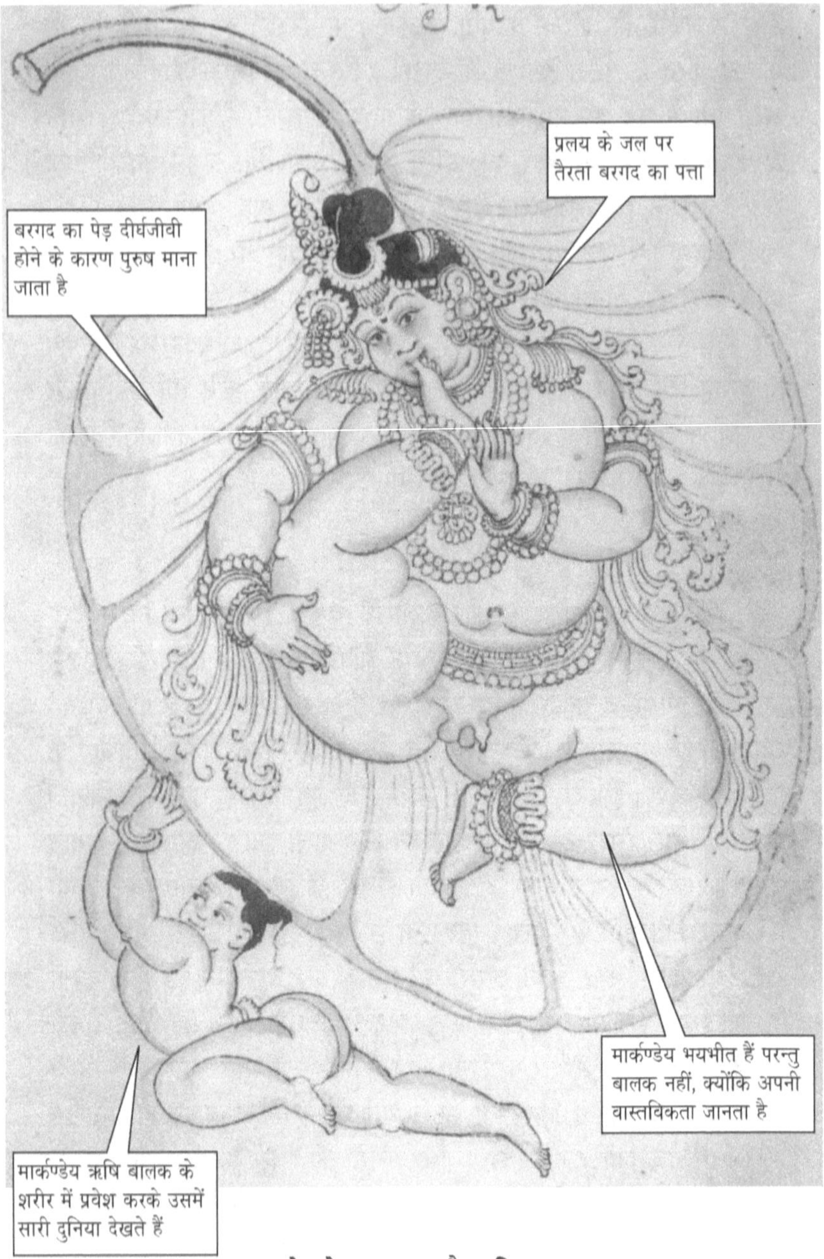

बरगद के पत्ते पर बालक—मैसूर चित्र

समाज-व्यवस्था की आवश्यकता से परिचालित हैं। वे असुरों को हमेशा उनकी अपनी जगह वापस ले जाने का काम करते हैं, जब-जब वे अपनी सीमाएँ तोड़कर बाहर निकल आते हैं। असुरों को मारने के कार्य से देवों के लिए लक्ष्मी उत्पन्न होती है। परन्तु देव लक्ष्मी को भोग तो कर सकते हैं, उसे उत्पन्न नहीं कर सकते। इसके लिए उन्हें असुरों की सहायता की आवश्यकता होती है। इसलिए असुर हिन्दू संसार के अनिवार्य अंग हैं।

असुरों के लिए अंग्रेज़ी में अक्सर 'ईविल' (Evil) अशुभ शब्द का प्रयोग किया जाता है। परन्तु हिन्दू परम्पराओं में इस शब्द का कोई अर्थ नहीं है। 'ईविल' शब्द का अर्थ है 'ईश्वर का अभाव।' हिन्दू धर्म में यह विचार इसलिए नहीं है क्योंकि उसके अनुसार सारी दुनिया देवत्व की अभिव्यक्ति है। इसलिए उसके लिए कुछ भी अशुभ नहीं हो सकता। विष्णु की अनेक कथाओं में यह स्पष्ट रूप से कहा गया है कि सारा जीवन दैवी है।

एक दफ़ा जब यशोदा ने अपने शिशु पुत्र को मिट्टी खाने के लिए डाँटा और उसे थूकने के लिए मुँह खुलवाया, तो उसने देखा कि उसमें सारे ग्रह-नक्षत्र, पृथ्वी और चाँद-सितारे चमक रहे हैं। वे समझ गई, कि कृष्ण विष्णु के अवतार हैं।

एक दफ़ा ऋषि मार्कण्डेय को स्वप्न आता है कि दुनिया नष्ट होने वाली है। वे देखते हैं कि समुद्र ऊपर उठता है और पृथ्वी को डुबो लेता है। फिर धीरे-धीरे उसमें सब पेड़-पौधे, पशु-पक्षी, और सब प्रकार के प्राणी समा जाते हैं, और कहीं कुछ भी शेष नहीं रहता। मार्कण्डेय दुनिया के लिए रोने लगते हैं, कि उन्हें समुद्र के जल पर एक बरगद का पत्ता तैरता नज़र आता है। पत्ते पर एक बच्चा लेटा है—ये नये विष्णु हैं। बच्चा साँस भीतर खींचता है, तो उसमें मार्कण्डेय भीतर चले जाते हैं। विष्णु के शरीर में पहुँचकर वे एक अद्भुत दृश्य देखते हैं। सब ग्रह, नक्षत्र और समुद्र और पहाड़ तथा देश-दुनिया उसके भीतर स्थित हैं। यहाँ उन्हें सब तरह के प्राणी भी दिखाई देते हैं—जो ज़मीन पर रहते हैं, आसमान में उड़ते हैं और जो धरती के भीतर निवास करते हैं। विष्णु के भीतर उन्हें सब पेड़-पौधे, पशु-पक्षी, मनुष्य और देवी-देवता दिखाई देते हैं। फिर बच्चा साँस बाहर छोड़ता है, तो ऋषि बाहर निकल आते हैं। उन्हें अनुभव हो जाता है कि सारा जीवन ईश्वर में स्थित है।

विराट स्वरूप–तंजोर चित्र

कुरुक्षेत्र की युद्धभूमि पर जब कृष्ण अर्जुन को 'भगवद्‌गीता' का उपदेश देते हैं, तो अर्जुन को विश्वास हो जाता है कि उसके मित्र, कृष्ण, सामान्य व्यक्ति नहीं हैं। वे प्रार्थना करते हैं : मुझे अपना वास्तविक रूप दिखाइये। कृष्ण उन्हें अपना विराट स्वरूप दिखाते हुए बढ़ना शुरू कर देते हैं। उनका शरीर तब तक बढ़ता चला जाता है, जब तक उनका सिर आसमान के पार नहीं निकल जाता और पैर समुद्र की सीमाएँ नहीं लाँघ जाते। उनके अगणित मुख, हाथ और पैर निकलना शुरू हो जाते हैं। सूर्य और चंद्रमा उनके नेत्र बन जाते हैं। वे साँस भीतर लेते हैं तो ग्रह उसमें प्रवेश कर जाते हैं, और बाहर छोड़ते हैं तो उसमें से आग निकलती है। वे दाँतों से नक्षत्रों को चबा रहे हैं। समय उनके भीतर ही विद्यमान है—भूत, वर्तमान और भविष्य। उनके भीतर आकाश भी है, उसकी सब दिशाएँ, परिचित और अपरिचित सृष्टि की सब वस्तुएँ और पदार्थ उनके भीतर समाहित हैं।

इन्हीं में असुर भी हैं। हर वस्तु में दिव्यता की चिनगारी है, उनमें भी जिन्हें कहानियों में दैत्य और दानव कहा गया है।

'ईविल' या अशुभ ऐसा कार्य है जिसका कोई कारण या परिभाषा नहीं है, जिसका समर्थन नहीं किया जा सकता। परन्तु हिन्दू धर्म में हर कार्य का कारण अवश्य होता है। हिन्दू संसार 'कर्म' के विचार द्वारा संचालित है, कोई घटना स्वयं उत्पन्न नहीं होती, सब कुछ पूर्व कर्म का परिणाम है, चाहे वह इसी जीवन में किया गया हो, या किसी पूर्व जीवन में।

अशुभ का विचार विशेष रूप से उन धर्मों तथा संस्कृतियों में पाया जाता है, जो मनुष्य का यह एक ही जीवन मानते हैं; हिन्दू धर्म पुनर्जन्म में विश्वास करता है, जिसके अनुसार पिछले जीवनों के कर्म हर घटना को स्पष्ट करते हैं। इसलिए हिन्दू संसार में अशुभ की आवश्यकता ही नहीं है। जय और विजय की कथा में यह विचार स्पष्ट किया गया है।

इस कथा में हिरण्याक्ष और हिरण्यकशिपु का यह आचरण उनके पूर्व जन्म से स्पष्ट किया गया है, जब वे विष्णु के निवास वैकुंठ में जय तथा विजय

चार सनत्कुमार–पोस्टर कला

नामों से द्वारपाल का कार्य करते थे। कथा यह है कि जब सनतकुमार विष्णु से मिलने वैकुंठ आए, तब जय और विजय नामक इन द्वारपालों ने इन्हें बाहर ही रोक दिया, क्योंकि विष्णु उस समय सो रहे थे। क्रुद्ध होकर चारों ऋषियों ने उन्हें शाप दे दिया, तुम विष्णु से अलग होकर असुर के रूप में उत्पन्न होंगे। शाप का तुरन्त असर होता है और दोनों द्वारपाल असुर बनकर दिति के गर्भ से जन्म लेते हैं।

जय और विजय अब हिरण्याक्ष और हिरण्यकशिपु हैं, और वे वैकुंठ वापस लौटना चाहते हैं, इसलिए वे दुष्कर्म करना शुरू करते हैं—जिससे विष्णु अवतार लेने को विवश हों और उन्हें इस जीवन से मुक्त करें। हिरण्याक्ष अपनी शक्ति का उपयोग करके पृथ्वी को जल में डुबो देता है। हिरण्यकशिपु इसके लिए दूसरा उपाय करता है; वह अपने पुत्र प्रह्लाद को, जो विष्णु का परम भक्त है, कष्ट देना शुरू कर देता है।

दोनों भाइयों की इस दुष्टता को 'विपरीत भक्ति' कहा जाता है, यानी ईश्वर से घृणा करके वह सारा समय उसी का नाम लेता रहता है, और इससे विष्णु प्रसन्न हो जाते हैं।

भू देवी और प्रह्लाद की चीख पुकार वैकुंठ तक पहुँचती है और विष्णु परेशान होते हैं। वे इन दोनों अपने पूर्व द्वारपालों का उद्धार करने के लिए पृथ्वी पर उतरते हैं। उन्हें बुरा लगता है कि उनके द्वारपालों को अपना कर्तव्य निभाने के लिए शाप दिया गया, इसलिए उनका भी कर्तव्य है कि उन्हें असुर की योनि से मुक्ति दें। इसलिए वे वराह तथा नरसिंह का रूप धारण कर दोनों भाइयों का वध करते हैं। उनकी मृत्यु उन्हें मुक्ति प्रदान करती है, और वे असुर का शरीर छोड़कर वैकुंठ में वापस आ जाते हैं।

जब यह कहानी सुनाई जाती है, तब वराह और नरसिंह के रूप में उनके द्वारा की गई हिंसा दैवी प्रतिशोध का कार्य न होकर दैवी प्रेम का उदाहरण बन जाती है। अब असुरों को दानव के रूप में नहीं देख जाता। उनकी दुष्टता का यह स्पष्टीकरण है। यद्यपि इससे उनके कार्य का समर्थन नहीं किया जा सकता, परन्तु इससे उसका औचित्य समझा जा सकता है।

विष्णु लोक बैकुंठ के द्वारपाल, जय और विजय

जय और विजय दोनों नाम सफलता और जीत के द्योतक हैं। परन्तु जय का अर्थ है आध्यात्मिक क्षेत्र में जीतना और विजय का भौतिक प्रगति करना। विजय पारम्परिक सफलता की सूचक है, दूसरों को जीतने का कार्य, दूसरों के मस्तिष्क पर प्रभाव, ऐसी जीत जिसमें एक व्यक्ति जीतता है तो दूसरा हार जाता है। इसके विपरीत जय स्वयं अपने ऊपर जीत हासिल करना है, अपने मस्तिष्क पर जीत हासिल करना ऐसी जीत है जिसमें कोई हारने वाला नहीं होता।

जीवन में हर समय कुछ या तो हमारे पक्ष में होता है, या विरोध में होता है। पहली स्थिति में, जब हमारे पक्ष में कुछ होता है, हम प्रसन्न होते हैं, यह विजय की स्थिति है, भौतिक सफलता और जीत की क्योंकि हमने जो प्राप्त करना चाहा वह, दूसरों को कष्ट देकर भी हमें प्राप्त हुआ। दूसरी स्थिति में, जब हमारे विपरीत कोई घटना घटित होती है, हम दुखी होते हैं। परन्तु यह दुख हमें भौतिक वस्तुओं की प्रकृति पर विचार करने का अवसर देता है, और हमारी भावनाओं के कारणों पर प्रश्न चिह्न लगाता है। यह आत्म निरीक्षण और प्रश्नों की खोज हमारे सामने संसार के रहस्य खोलते हैं; हमें दुनिया की वास्तविकता का ज्ञान होता है। यह जय की स्थिति है, आध्यात्मिक जीत की, क्योंकि इससे हमें किसी महत्त्वपूर्ण तत्व का ज्ञान होता है।

जय में सरस्वती हमारी दिशा में अपने पैरों से चलकर आती है। विजय में लक्ष्मी आती है। परन्तु जीवन का तत्व दोनों स्थितियों का एक साथ अनुभव करने में है। लक्ष्मी और सरस्वती दोनों को एक साथ आना चाहिए, आगे-पीछे नहीं। जब जय और विजय दोनों साथ आते हैं, तब वैकुंठ का द्वार हमारे लिए खुल जाता है।

5. राम का रहस्य

दिव्यत्व के ज्ञान के लिए पशुत्व का परित्याग करो

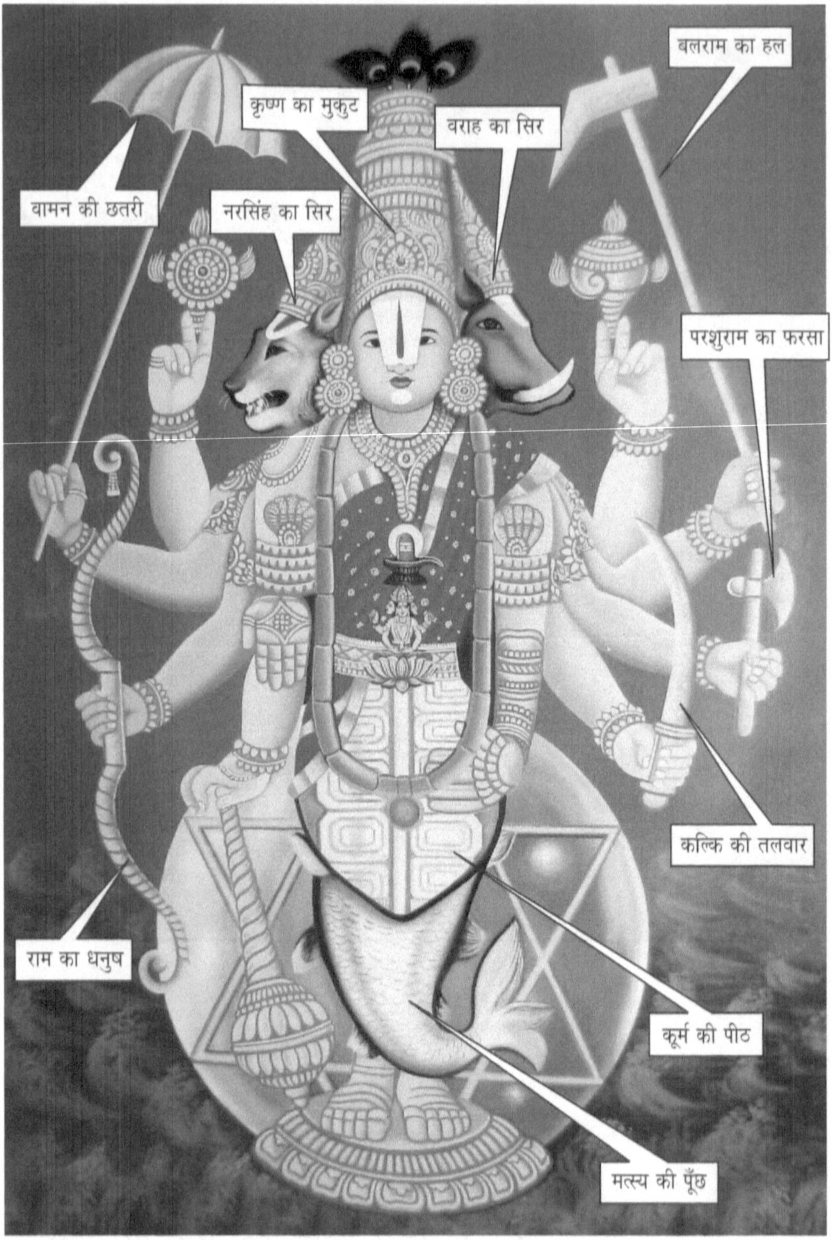

विष्णु के मानव और पशु रूप दिखाता आधुनिक चित्र

विष्णु की कथाएँ दो हिस्सों में बाँटी जा सकती हैं : वे जो समय की सीमाओं से बाहर कार्य करती हैं, और वे जो उसके भीतर हैं। पहली ज़्यादातर देवताओं तथा असुरों से सम्बन्धित हैं, और दूसरी मनुष्यों तथा राक्षसों से।

देव और असुरों के संग्राम की समस्याएँ प्रमुख रूप से समय सीमाओं से परे समय मात्र की समस्याएँ हैं, जैसे सम्पत्ति का निर्माण, भावात्मक सुरक्षा और बौद्धिक प्रगति की समस्याएँ। मनुष्य तथा राक्षसों की लड़ाइयाँ ज़्यादातर सही सामाजिक व्यवहार, नैतिकता और इतिहास तथा भूगोल के नियमों से सम्बन्धित हैं।

देवगण आकाश में रहते हैं और असुर पृथ्वी के भीतर। उनकी लड़ाई खड़ी रेखा में है, यानी ऊपर-स्थित स्वर्ग तथा नीचे के प्रदेशों के बीच। मनुष्य तथा राक्षस पृथ्वी पर रहते हैं। उनकी लड़ाई समानान्तर है यानी संस्कृति और प्रकृति के बीच, धर्म और अधर्म की लड़ाई।

न्याय, शुद्ध मन और सद्व्यवहार जैसे शब्दों से धर्म को सही रूप में समझ पाना कठिन है, क्योंकि न्याय की धारणा—क्या सही है और क्या गलत—समय के साथ बदलती रहती है, और संसार के प्रत्येक भाग में ये अलग-अलग भी है। धर्म वह अन्तर्निहित सिद्धान्त है जिससे सामाजिक व्यवहार के माध्यम से मनुष्य को अपनी दैवी सम्भावना को जान पाने का अवसर मिलता है।

धर्म तथा अधर्म का अर्थ समझने के लिए हमें मनुष्य और शेष सारी प्रकृति के मध्य का ज़बरदस्त अन्तर समझना ज़रूरी है। मनुष्यों को ही वह शक्ति प्राप्त है जिससे वे जंगल के कानून का, घनात्मक और ऋणात्मक दोनों ढंग से व्यवहार कर सकते हैं। जंगल के कानून के घनात्मक बहिष्कार का अर्थ यह है कि यह दूसरों के बारे में भी सोचते हैं और उनकी सुरक्षा तथा प्रगति की भी कामना करते हैं। यह धर्म है। ऋणात्मक बहिष्कार का मतलब यह है कि हम दूसरों का शोषण करते हैं और सुरक्षा तथा प्रगति की अपनी यात्रा में उन सबको छोड़ देते हैं। यह अधर्म है।

धर्म की अभिव्यक्ति उन नियमों में होती है, जो हम दूसरों की रक्षा

राम ईश्वर का अकेला राजा का रूप है
राम प्रकृति को घरेलू बनाते हैं
राम के हाथ में धनुष सन्तुलन का प्रतीक है
हनुमान पशुवृत्ति के सूचक हैं जो दिव्यता प्राप्त करते हैं
सीता का अर्थ है संस्कृति यानी घरेलू प्रकृति
लक्ष्मण मनुष्य का स्वभाव दर्शाते हैं जो आवश्यकताएँ पूर्ण करता है
राम जानते हैं कि संस्कृति प्रकृति पर निर्भर करती है पर प्रकृति संस्कृति पर निर्भर नहीं करती

राम का लघु चित्र

और प्रगति के लिए बनाते हैं। इसका अर्थ वे कार्य हैं जो हम असहायों की सहायता के लिए करते हैं, जो शक्तिशाली लोग दुर्बलों की रक्षा के लिए करते हैं। अधर्म इनके एकदम विपरीत है; यानी कुछ लोगों के लाभ के लिए जंगल के कानून का उपयोग करना और बाकी को अलग छोड़ देना। अधर्म यानी अधिकार, प्रादेशिकता, जमाखोरी, लगाव और ताकत। धर्म का कार्य है इन इच्छाओं से मुक्त होना।

जो मनुष्य धर्म का पालन करते हैं, उन्हें 'मानव' कहते हैं। यह शब्द उस प्रथम मनुष्य, मनु से बना है, जिसने मत्स्य न्याय का बहिष्कार किया। जो मनुष्य अधर्म का पालन करते हैं, उन्हें राक्षस या कभी-कभी 'दानव' भी कहा गया है। मानव और राक्षस दोनों ब्रह्मा के पोते हैं, जिससे दो प्रकार की मनस्थितियों का पता चलता है। इन्हीं का संघर्ष 'रामायण' का मूल विषय है।

रामायण में राम की कथा वर्णित है, जो राजा के रूप में विष्णु के अकेले अवतार हैं। यह ऐसे व्यक्ति की कहानी है, जिसने सब प्रकार के प्रलोभनों का तिरस्कार करते हुए सभ्यता के आदर्शों का पालन किया। 'रामायण' की इस विशिष्टता को समझने के लिए पहले पृथु और उनके पिता वेन की कहानी जानना आवश्यक है।

'भागवत पुराण' में वेन नामक एक राजा की चर्चा है जिसने धरती का इतना दोहन किया कि वह गाय का रूप धारण कर भाग गई। इस कारण सब पर संकट टूट पड़ा। पौधों में फल उत्पन्न होने बन्द हो गए, और बीजों के किल्ले निकलने समाप्त हो गए। चारों तरफ भुखमरी फैल गई। पशु चीखने-चिल्लाने लगे, मनुष्य विलाप करने लगे। ऋषियों ने इसके लिए कुछ करने का निश्चय किया। उन्होंने घास की एक पत्ती उखाड़ी, उस पर मंत्रों का पाठ किया और उसे धारदार हथियार बनाकर राजा पर हमला किया, जिससे उसकी मृत्यु हो गई। फिर उन्होंने उसकी लाश को मथा, उसमें से दूषित तत्व निकालकर उसे शुद्ध किया, और उससे एक उत्तम गुण सम्पन्न राजा का निर्माण किया। इस राजा का नाम पृथु था, जो विष्णु का रूप था।

राजा पृथु पृथ्वी-गौ का पीछा करते हैं और उसे दुहते हैं—लघु चित्र माला

    विष्णु के सात रहस्य

पृथु धरती—गौ के पास गया और उससे प्रार्थना की कि वह राज्य की प्रजा को अपना दूध पिलाए, परन्तु गाय ने इनकार कर दिया। उसका क्रोध ठंडा नहीं हुआ था। इस पर पृथु ने तीर कमान साधा और गौ को मार डालने की धमकी दी। गाय ने कहा, 'यदि तुम मुझे मार डालोगे, तो यह सारी प्रकृति और ज़िंदगी समाप्त हो जायेगी।' पृथु ने तर्क दिया कि धरती को घरेलू बनाए बिना वह मनुष्यों को भोजन नहीं दे सकता। जंगलों को खेतों में परिवर्तित किए बिना, नदियों की नहरें बनाकर चारों तरफ सिंचाई किए बिना यह काम सम्भव नहीं है। धरती—गौ ने कहा, 'ठीक है, परन्तु नियम बनाकर यह सब करना।' पृथु ने वचन दिया कि ऐसे धार्मिक नियम बनाकर यह कार्य करेगा, जिससे प्रकृति का नाश न हो और संस्कृति भी पनपे।

यहाँ यह जानने की जरूरत है कि यह कार्य आसान नहीं है। क्योंकि जब विकास होता है, तभी मनुष्य जीवन भी सार्थक होता है। पशुओं में इस प्रकार कार्य करने की समझ नहीं होती। मानव सभ्यता के विकास में प्रकृति को घरेलू बनाना आवश्यक होता है, जंगल काटे जाते हैं और पर्यावरण-व्यवस्थाओं में परिवर्तन आता है। यदि यह काम अनियंत्रित ढंग से किया जाय, तो अपार हानि हो सकती है। इसे सही ढंग से संचालित करने के लिए बौद्धिक तथा भावनात्मक प्रगति आवश्यक है, ये दोनों आध्यात्मिक प्रगति के अंग हैं।

धर्म प्रकृति और संस्कृति के बीच सन्तुलन उत्पन्न करता है, पशुओं और मनुष्यों की आवश्यकताओं के बीच भी सन्तुलन लाना होता है। धर्म का प्रतीक वह धनुष है जो देवों ने पृथु को प्रदान किया है। धनुष का अर्थ है सन्तुलन—उसकी डोरी न ज़्यादा खींची जानी चाहिए और न एकदम ढीली छोड़ देनी चाहिए। पृथु को धरती का पहला ज़िम्मेदार राजा बनने का श्रेय प्राप्त है। इसलिए धरती का नाम भी 'पृथ्वी' रख दिया गया।

जब मानव-समाज अपनी बस्तियाँ बसाता है, तब जंगलों को काटा जाता है और पशुओं को घरेलू बनाया जाता है। इससे मनुष्य को अधिक साधन प्राप्त होते हैं, ज़्यादा भोजन और समय मिलता है। इससे उसे भौतिक

राम का राजा रूप–केरल का भित्ति चित्र

क्रियाकलाप से आगे बढ़कर अन्य क्षेत्रों में काम करने का अवसर मिलता है, और वह कला तथा दर्शन में प्रवेश करता है। लेकिन यह सब सफलतापूर्वक सम्पन्न करने के लिए उसे नियम बनाने पड़ते हैं। हमारे यहाँ इन नियमों को 'वर्णाश्रम-धर्म' कहा गया है।

वर्ण-धर्म का अर्थ है कि मनुष्य जीवन में अपने स्थान के अनुसार कार्य करे, और आश्रम धर्म का अर्थ है कि वह अपनी आयु के अनुसार कार्य करे। इस प्रकार धर्म का अर्थ कर्तव्यों का पालन होता है, इच्छाओं की निवृत्ति नहीं। नियम कभी अन्तिम नहीं होते, ये चेतावनी की तरह होते हैं कि व्यक्ति कभी लोभ के प्रभाव में आकर अपनी सीमाएँ न तोड़े।

समाज की चार स्थितियाँ हैं। ब्राह्मण, आध्यात्मिक कार्यों का स्थल; क्षत्रिय, प्रबंधन से सम्बन्धित कार्य; वैश्य, धन–सम्पत्ति के अर्जन से जुड़े कार्य और शूद्र, सेवाएँ प्रदान करने वाले कार्य।

वर्ण का अर्थ है स्वभाव। जाति का अर्थ है पेशा, व्यवसाय। आदर्श समाज में वर्ण जाति के समकक्ष होता है। परन्तु ऐसा बहुत कम होता है। यदि ऐसा होता, तो वर्ण जाति के आगे निकल जाता, क्योंकि वर्ण प्राकृतिक है, और जाति मनुष्य निर्मित। जब जाति वर्ण से आगे निकल जाती है, जब स्वाभाविक आचरण से व्यवसायिक आचरण को ज़्यादा महत्त्व दिया जाता है, समस्याएँ उत्पन्न होती हैं।

जीवन के चार विभाग, अथवा आश्रम हैं। ब्रह्मचर्य, यानी छात्र-जीवन; गृहस्थ, यानी विवाह और परिवार; वानप्रस्थ, यानी ज़िम्मेदारियों से मुक्ति; और संन्यास, यानी तपस्वी का जीवन। आश्रम सुनिश्चित करते हैं कि दो पीढ़ियों से अधिक व्यक्ति किसी भी समय पृथ्वी के साधनों का उपभोग न करें। जब पोता जन्म लेता है, परिवार से अलग होने का, गृहस्थ से कम भोजन करने का समय आ जाता है। और जब पड़पोता पैदा होता है, तब तपस्वी बनने का, यानी खेतों में उगाया अन्न न खाकर जंगलों में उत्पन्न पदार्थ खाकर जीवन बिताने का समय आ जाता है।

धर्म की स्थापना और पालन करवाने का दायित्व राजा को दिया गया है, जो विष्णु का छोटा रूप है।

गरुड़ पर विराजमान विष्णु की प्रस्तर-प्रतिमा

फन उठाए महासर्प पर बैठे विष्णु की तरह राजा को भी सतर्क रहकर देखना पड़ता है कि प्रत्येक व्यक्ति अपने लिए निश्चित कार्य करते रहें। विष्णु की तरह उसे भी, यदि कहीं कोई गड़बड़ उत्पन्न हो, तो अपने गरुड़ पर सवार होकर तेज़ी से उसे रोकने जाना पड़ता है। विष्णु की ही तरह उसे भी बार-बार अपना शंख बजाकर जनता को उनके कर्तव्यों का ज्ञान कराना पड़ता है, कि वे अपनी पशु वृत्तियों का परित्याग करें। विष्णु की ही तरह, जिनकी उँगली पर लगा चक्र हर समय घूमता रहता है, उसे भी समय-समय पर स्थितियों का जायज़ा लेते रहना पड़ता है, जिससे सब कुछ ठीक-ठाक चलता रहे। विष्णु की ही तरह उसे भी अपनी गदा और कमल के द्वारा अपराधियों को दंडित और अच्छे नागरिकों को पुरस्कृत करते रहना पड़ता है।

राज्य में इसी प्रकार शान्ति और समृद्धि स्थापित हो सकती है। और यदि विष्णु की ही भाँति सब राजा आचरण करने लगें तो सारी दुनिया में शान्ति और समृद्धि लाई जा सकती है। पशु-पक्षियों की आवश्यकताएँ पूरी करने और पृथ्वी की उर्वरा शक्ति को कम किए बिना मनुष्य की आवश्यकताएँ पूरी की जा सकती हैं। राजा अपने कर्तव्य-कर्म करता रहे, तभी पृथ्वी—गौ सुखी हो सकती है।

परन्तु भौतिक संसार में कुछ भी स्थायी नहीं होता। आध्यात्मिक सत्य में निष्ठा कम होने पर भय उभरने लगता है, कर्तव्य के स्थान पर इच्छाएँ पनपने लगती हैं, महत्त्वाकांक्षा अपना सिर उठाने लगती है, और नियमों का उल्लंघन होना आरम्भ हो जाता है, लोग समाज में अपनी स्थिति तथा आयु के अनुसार कार्य करने से इन्कार करने लगते हैं। उसके अनाचार से पृथ्वी—गौ की कमर टूट जाती है और उसके स्तन सूजने लगते हैं। निराश होकर वह अपने संरक्षक विष्णु की शरण लेती है और वे भिन्न-भिन्न रूप धारण कर कभी पशु का रूप और कभी मनुष्य का रूप, धारण कर पृथ्वी पर प्रकट होने लगते हैं। इनको उनके 'अवतरण' कहा जाता है, और स्वयं उन्हें 'अवतार' घोषित किया जाता है।

मत्स्य-जलीय अवतार

कूर्म-जल थलीय अवतार

विष्णुथलीय अवतार

नरसिंह, अर्ध-मनुष्य

वामन, लघु रूप

परशुराम, अविवाहित ब्राह्मण

राम, विवाहित
राजकुमार

बलराम, युद्ध
विरोधी किसान

कृष्ण, अनेक
विवाहित ग्वाला

कल्कि, सर्वनाशी
विदेशी

विष्णु के दस अवतार

     विष्णु के सात रहस्य

अवतारों की संख्या अलग-अलग बताई गई है । सबसे अधिक मान्य संख्या दस है, जो प्रसिद्ध कवि जयदेव के 'गीत गोविन्द में वर्णित है । यह है मत्स्य, सूर्य, वराह, नरसिंह, वामन, परशुराम, राम, कृष्ण, बुद्ध और कल्कि । 'भागवत पुराण' में 22 अवतारों का वर्णन है; शेष बारह अवतार ये हैं; चतुर्सन, नारद, नर-नारायण, कपिल, दत्तात्रेय, यज्ञ, ऋषभ, पृथु, धन्वंतरि, मोहिनी, व्यास और बलराम । इनके अलावा दो और अवतार भी इस सूची में गिनाए गए हैं; हंस और हयग्रीव ।

विष्णु का यह रक्षा कार्य भौतिक है—उन शक्तियों का नाश करना जो प्राकृतिक और सामाजिक व्यवस्था के लिए खतरे पैदा करती हैं । यह कार्य आध्यात्मिक भी है—प्राणियों को ज्ञान देना जिससे वे ये कार्य न करें ।

अवतारों के विषय में यह भी कहा गया है कि ये मनुष्य के विकास की प्रक्रिया दर्शाते हैं; पहले जल में रहने वाली मछली, फिर पृथ्वी का प्राणी कूर्म और पाताल का वराह, इसके बाद अर्धमानव नरसिंह और अन्त में मनुष्य रूपी वामन ।

मनुष्य रूप में हुए अवतार वर्ण व्यवस्था के अनुसार होते हैं; परशुराम ब्राह्मण हैं परन्तु क्षत्रिय का व्यवहार करते हैं, राम जन्म और कर्म दोनों से क्षत्रिय हैं, कृष्ण क्षत्रिय हैं, परन्तु गोपालक बनकर वैश्य का और रथ चालक बनकर शूद्र का काम करते हैं । वे आश्रम व्यवस्था भी दर्शाते हैं—परशुराम ब्रह्मचारी हैं, राम और कृष्ण गृहस्थ और बुद्ध पहले वानप्रस्थी और फिर संन्यासी हो जाते हैं ।

यद्यपि भौतिक सच्चाई परिवर्तित होती रहती है, विष्णु पहले से उसकी कल्पना करके आवश्यकता के अनुसार कार्य करते रहते हैं ।

इस प्रकार, समय बीतने के साथ संस्थाएँ, व्यवस्थाएँ, प्रक्रियाएँ तथा नियम, सब कुछ अपनी सार्थकता खोते रहते हैं । परिवर्तन और नवनिर्माण की यह अनिवार्यता 'युग' की धारणा में व्यक्त की गई है ।

जिस तरह मनुष्य-जीवन के चार विभाग होते हैं : बचपन, यौवन, वार्धक्य

शेषशायी विष्णु की मिट्टी-मूर्ति-पैरों में बैठी लक्ष्मी

और बुढ़ापा, उसी प्रकार हर संस्था और व्यवस्था चार स्थितियों से गुज़रती है; कृत, त्रेता, द्वापर और कलि। कहा गया है कि धर्म का वृषभ कृत युग में चार पैरों पर खड़ा होता है, त्रेता युग में तीन पैरों पर, द्वापर में दो पर और कलियुग में केवल एक पैर पर। इसके बाद धर्म का वृषभ तथा उसके द्वारा धारण किया हुआ समाज प्रलय के जल में डूब जाता है। यह संसार की मृत्यु है, परन्तु इसके बाद उसका पुनर्जन्म होता है। नए जीवन में ये चार युग फिर दोबारा घटित होते हैं। इस प्रक्रिया को काल-चक्र का नाम दिया गया है।

'भगवद्गीता' में कृष्ण कहते हैं; 'जब-जब धर्म की हानि होती है, मैं उसे जीवन देने के लिए जन्म लेता हूँ।' इसे युग के विचार के साथ समझना चाहिए। विष्णु समय का प्रवाह नहीं रोकते, न उसे बदलते हैं। अवतार आदर्श धर्म की स्थापना नहीं करता, क्योंकि कोई आदर्श धर्म है ही नहीं। अवतार नए परिवर्तित समय के अनुसार धर्म की नई व्याख्या करता है। कृत युग का धर्म त्रेता युग में नहीं चल सकता; क्योंकि समय बदल गया है, मनुष्य की आवश्यकताएँ बदल गई हैं, इसलिए सभ्यता के नियम भी बदलने पड़ते हैं। आप विष्णु को डाक्टर की तरह देख सकते हैं, जो बीमारी होने पर इलाज के लिए आता है। वह स्वास्थ्य तो सही कर देता है, परन्तु उम्र बढ़ना नहीं रोक सकता। हर रोगी को कभी-न-कभी मरना ही है। डॉक्टर का कार्य सिर्फ यह है कि जब तक वह ज़िंदा रहे, स्वस्थ रहे और अच्छी ज़िन्दगी जिये। अवतार भी यही करते हैं, प्रकृति की आवश्यकताओं की पूर्ति के बाद जो शेष रहता है, उसमें अधिक से अधिक समय तक मनुष्य की इच्छाएँ पूरी करे। प्रलय तो अनिवार्य है, अवतार उसे समय से पहले आने से रोकने का प्रयत्न करता है।

कहा जा सकता है कि जब एक युग अपनी पूर्णता पर पहुँच जाता है, और दूसरे युग में परिवर्तित होता है तब एक अवतार प्रकट होता है जो युग परिवर्तन में सहायक होता है। अवतार उसे दूसरे युग में प्रवेश देने का कार्य करते हैं। जब कृत युग समाप्त होकर त्रेता युग प्रारम्भ होता है तब परशुराम प्रकट होते हैं। जब त्रेता युग समाप्त होता है, तब उसे द्वापर युग में भेजने के लिए राम जन्म लेते हैं। इसके बाद जब द्वापर युग समाप्त होता है, तब उसे कलियुग

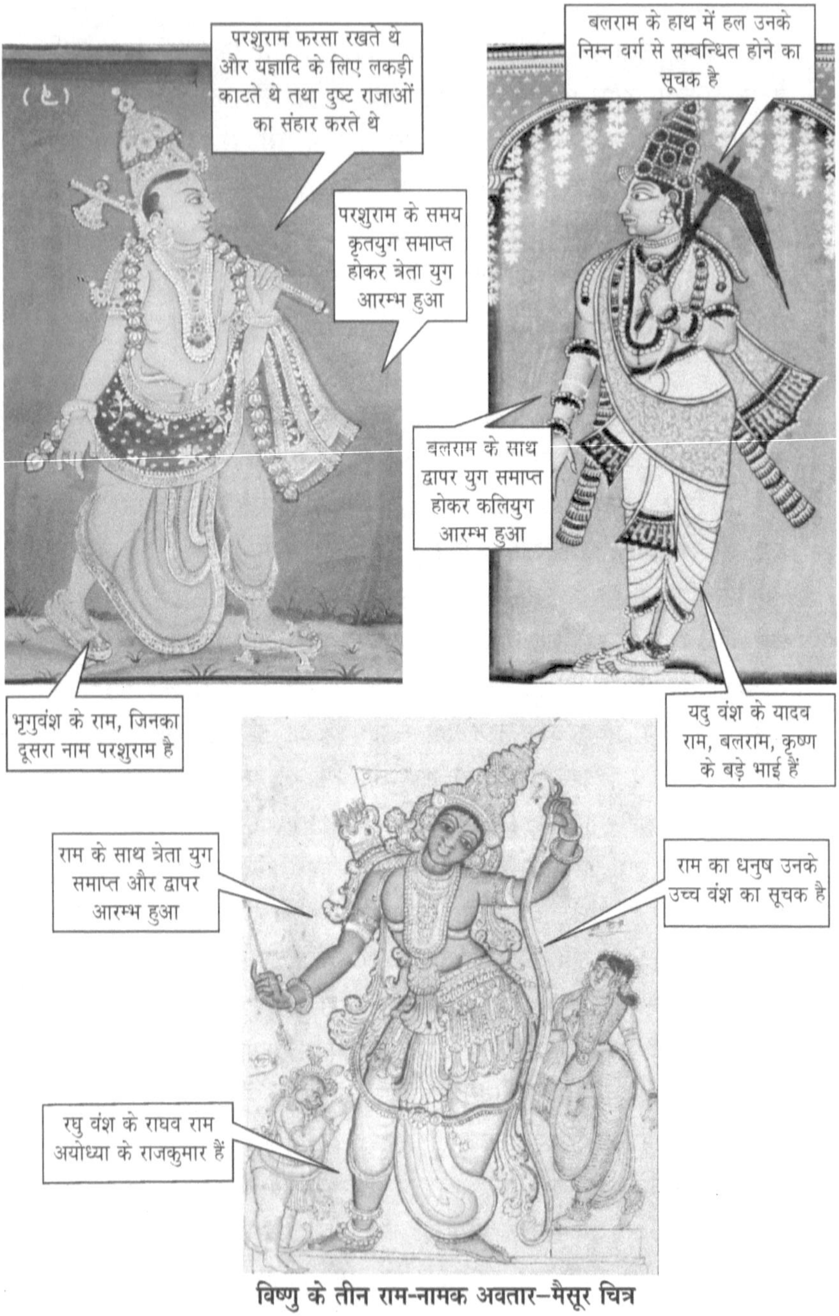

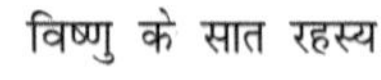

विष्णु के तीन राम-नामक अवतार–मैसूर चित्र

में भेजने के लिए कृष्ण का जन्म होता है। कलियुग में बुद्ध राह दिखाते हैं, और जब इसका भी अन्त होता है, तब कल्कि प्रलय के समय प्रकट होते हैं—यह मृत्यु है जिसके बाद पुनर्जन्म होगा।

कृत युग से त्रेता युग में समाज का प्रवेश तब हुआ। जब सम्पत्ति की धारणा उत्पन्न हुई। संपत्ति का कई वस्तुओं से सम्बन्ध है : घर के पशु, जमीन, और स्त्रियाँ भी।

पत्नी को व्यक्ति अपनी सम्पत्ति समझता है। उससे आशा की जाती है कि वह आज्ञाकारी और पति के प्रति ही समर्पित रहे। कृत युग में वह स्वाधीन थी। परन्तु स्वर्ण युग के समाप्त होने तक कामना और वासना जोर पकड़ती गई। एक पतित्व को बलपूर्वक मनवाया जाने लगा।

रेणुका राजकुमारी है, जो जमदग्नि नामक पुरोहित से विवाह करती है। उसकी पाँच सन्तानें होती हैं, जिनमें सबसे छोटा परशुराम है। रेणुका पतिव्रता है, जिसके प्रभाव से वह कच्ची मिट्टी के बर्तन में नदी से जल भरकर ला सकती है। एक दिन वह एक सुन्दर गंधर्व को नदी किनारे अपनी पत्नियों के साथ क्रीड़ा करते देखती है। कुछ लोगों का कहना है कि यह गंधर्व नहीं, कार्तवीर्य नामक राजा है। रेणुका उसके प्रति आकृष्ट होती है और उसके साथ रमण करती है। इसका प्रभाव यह होता है कि उसकी शक्तियाँ समाप्त हो जाती हैं और वह कच्चे घड़े में पानी भरकर नहीं ला सकती। जब उसके पति को इसका पता चलता है, वह आग बबूला हो उठता है। वह अपने बेटों को आदेश देता है कि माँ की गर्दन काट डालो। बड़े चार बेटे इनकार कर देते हैं, और तुरन्त उनकी मृत्यु हो जाती है। परन्तु पाँचवाँ बेटा परशुराम अपना फरसा उठाकर माँ की गर्दन काट डालता है। इस त्वरित आज्ञापालन से जमदग्नि प्रसन्न हो जाते हैं और उसे वरदान देना चाहते हैं। परशुराम कहते हैं, 'मेरी माँ को जीवित कर दीजिए।' जमदग्नि कर सकते हैं, क्योंकि वे भी भृगुवंश में उत्पन्न हुए हैं, और भृगु तथा उनके पुत्र शुक्र भी संजीवनी विद्या के ज्ञाता हैं, जिससे किसी मृत व्यक्ति को पुनर्जीवन प्रदान किया जा सकता है।

परशुराम–मैसूर चित्र

माता रेणुका की गर्दन काटने वाले
परशुराम–मैसूर चित्र

हैहयराज कार्तवीर्य को मारते हुए परशुराम–उत्तर भारतीय लघु चित्र

कृत युग में राजा गायों का बड़ी संख्या में दान करते थे। क्षत्रियों की उदारता से ब्राह्मणों को बड़ी सहायता प्राप्त होती थी, और वे रोजी-रोटी की चिन्ता किए बिना अपने आध्यात्मिक और दार्शनिक चिन्तन के कार्यों में लगे रहते थे। परन्तु जब कृत युग समाप्त होने लगा और हैहय वंश के राजा कातवीर्य ने उनको भेंट में दी गई गाय को वापस करने की माँग की, तो जमदग्नि को यह बात समझ में नहीं आई। कहीं दान में दी गई वस्तु वापस ली जाती है। लेकिन राजा नहीं माना और बलपूर्वक गाय खींचकर ले जाने लगा। कार्तवीर्य शक्तिशाली राजा था, उसकी एक हज़ार भुजाएँ बताई गई हैं—जो उसकी सैनिक शक्ति का प्रतीक है—और कोई उसे रोक नहीं सका। जमदग्नि बार-बार उससे विनती करता रहा, परन्तु वह नहीं माना। परशुराम को पिता का यह अपमान अच्छा नहीं लगा। उधर गाय भी खींचते हुए लिए जाने के कारण चीख चिल्ला रही थी। परशुराम ने अपना फरसा उठाया और राजा के टुकड़े-टुकड़े कर दिए।

यह बड़ी अद्भुत घटना थी—पुरोहित द्वारा अपने ही राजा की हत्या। जब कार्तवीय के पुत्रों ने सुना तो उन्होंने जमदग्नि के आश्रम पर हमला किया और उन्हें मार डाला। परशुराम ने क्रोधित होकर प्रण लिया कि सारे क्षत्रियों को नष्ट कर दूँगा। उसने मारना शुरू कर दिया। इक्कीस पीढ़ियों के क्षत्रियों को मार डाला—कुछ लोगों का कहना है कि इक्कीस वंशों के क्षत्रियों को मार डाला। इतना खून बहा कि पाँच तालाब बन गये। परशुराम उनके रक्त से अपने पिता का तर्पण करते रहे। इसके बाद उन्होंने कसम खाई कि अन्य किसी राजा या योद्धा को कभी किसी पर अत्याचार नहीं करने देंगे। राम भी परशुराम की तरह विष्णु के अवतार हैं, परन्तु अकेले वे ही ऐसे राजा हैं जिनकी पूजा की जाती है।

परशुराम यद्यपि ब्राह्मण परिवार में उत्पन्न हुए हैं, परन्तु वे क्षत्रिय की तरह व्यवहार करते हैं। जो वर्ण-व्यवस्था की दृष्टि से सही नहीं है। इसके विपरीत राम राजाओं के परिवार में जन्मे हैं, और उनसे अपेक्षित ढंग से ही व्यवहार करते हैं।

दो भाई–लघु चित्र

दो भाई–महाराष्ट्र का चित्रकथी अंकन

वे अयोध्या के राजा दशरथ के सबसे बड़े बेटे हैं, जो उनकी पहली पत्नी की सन्तान हैं, इसलिए गद्दी के वे ही अधिकारी हैं। परन्तु आरोहण के समय उनकी सौतेली माँ कैकेयी अपने पति को, बहुत पहले कभी उसे दिए गए एक वचन की याद दिलाती है कि वे उसकी दो इच्छाएँ पूरी कर देंगे। वह माँग करती है कि राम को चौदह वर्ष का वनवास दिया जाय, और उनके स्थान पर उसके अपने बेटे भरत को राजा बनाया जाय। राम को जब यह पता चलता है, तब वे बिना किसी शिकायत के जंगल जाने को तैयार हो जाते हैं, और उनके साथ पत्नी सीता तथा भाई लक्ष्मण भी चल पड़ते हैं। इसी के साथ कैकेयी के पुत्र भरत छलकपट से प्राप्त गद्दी को स्वीकार करने से इन्कार कर देते हैं, जिससे कैकेयी को बड़ा धक्का लगता है। वे तपस्वी की तरह जीवन व्यतीत करने का निश्चय करते हैं और जब तक राम लौटकर अपना अधिकार नहीं ग्रहण कर लेते, तब तक इसी प्रकार बने रहने का व्रत लेते हैं।

राम के भाइयों का व्यवहार अन्य सभी भाइयों के व्यवहार से एकदम विपरीत है, जो वे पूरे देश की अपनी यात्राओं में भाइयों द्वारा किया जाना पाते हैं। दक्षिण के छोर पर लंका है जिसका राजा रावण है, जिसने अपने ही भाई कुबेर को हराकर उस पर कब्जा कर लिया है। अयोध्या से लंका काफी दूर है, जिसके बीच किष्किंधा है, जहाँ वानरों के नेता बाली का राज है, जिसे अपने भाई सुग्रीव के साथ मिलकर राज्य करना था। परन्तु जिसे उसने घर से निकाल दिया है।

यह भौगोलिक तथ्य नहीं है, इसे उपमा के रूप में लिया जाना चाहिए। पौराणिक परम्परा में उत्तर दिशा ध्रुव नक्षत्र की दिशा है, इसलिए आध्यात्मिक सत्य की प्रतीक है, और दक्षिण, इसके विरुद्ध, भौतिक सच्चाई का प्रतीक है। इस प्रकार हम जैसे-जैसे अयोध्या से दक्षिण की ओर बढ़ते चले जाते हैं। 'रामायण' में धर्म का अभाव और पाशवी तथा दानवी वृत्तियों की वृद्धि होती चली जाती है।

शूर्पणखा–महाराष्ट्र की चित्रकथी कला

रावण द्वारा सीता का अपहरण–कैलेन्डर कला

धर्म का सम्बन्ध सम्पत्ति के अलावा विवाह के साथ भी है। राम और सीता को ऐसे दम्पति के रूप में प्रस्तुत किया गया है, जो एक दूसरे के प्रति पूरी तरह समर्पित हैं। राम किसी अन्य स्त्री की तरफ नज़र नहीं डालते और सीता का भी स्वभाव ऐसा ही है। वे आदर्श पति-पत्नी हैं। लेकिन उनके इस सम्बन्ध में दुनिया के लोग अड़चनें डालते ही रहते हैं।

जब एक राक्षसी, शूर्पणखा, राम के साथ शारीरिक सम्बन्ध बनाना चाहती है, तो वे सीता के पति होने के कारण मना कर देते हैं। इसका परिणाम यह हुआ कि राक्षसी होने के कारण शूर्पणखा सीता को हानि पहुँचाने की कोशिश करती है। इस पर लक्ष्मण शूर्पणखा की नाक काट लेते हैं। शूर्पणखा यह अपमान बरदाश्त नहीं कर पाती, और लंका के राजा, अपने भाई रावण से इसकी शिकायत करती है। रावण बदला लेने के लिए सीता का अपहरण कर लेता है और उसे लंका ले आता है। वह सीता को भी अपनी पत्नी बनाना चाहता है, परन्तु वह उसकी तरफ देखने से भी इन्कार कर देती है। उसके लिए राम ही उसके पुरुष हैं।

जंगल में सभ्यता धीरे-धीरे नष्ट होती जाती है, और नियम-कानून समाप्त होते चले जाते हैं। शक्ति की सहायता से एक भाई दूसरे की सम्पत्ति पर अधिकार कर लेता है। शक्ति के प्रयोग से लोग दूसरों की पत्नियों और पतियों पर भी कब्जा कर लेते हैं। परन्तु सीता और राम में से कोई भी जंगल के नियमों को उन पर हावी नहीं होने देता। वे जहाँ भी जाते हैं, धर्म का पालन करते हैं। उन्होंने भले ही अयोध्या छोड़ दी हो, अयोध्या ने उन्हें नहीं छोड़ा।

जंगल में राम की एक बन्दर सुग्रीव से भेंट होती है, और वे उसे राज्य दिलाने में सहायता करते हैं। बदले में सुग्रीव सीता की खोज में उनकी सहायता करने का वचन देता है। वह इस वचन के प्रति ज़िम्मेदारी महसूस करता है। दूसरे बन्दर हनुमान, ऐसे किसी वचन से बाधित नहीं है। फिर भी वह राम की सहायता में लगा रहता है। उसकी यह उदारता आध्यात्मिक चेतना की परिचायक है, क्योंकि वह अपने से अलग किसी दूसरे के लिए चिन्ता महसूस

हनुमान लंका के लिए पुल बना रहे हैं–कैलेन्डर चित्र

हनुमान अपने हृदय में राम का चित्र दिखाते हुए–कैलेन्डर चित्र

करता है। इस तरह हनुमान प्रकृति की सीमा तोड़कर पुरुष बन जाता है।

पशु अपनी यौन वृत्ति और हिंसक भावनाओं से परिचालित होते हैं। मनुष्य इन वृत्तियों पर अपने बड़े मस्तिष्क के कारण काबू पाने में सफल होते हैं। हनुमान ब्रह्मचर्य का पालन करता है और दूसरों के लिए ही लड़ता है। इस कारण वह लोगों का पूजनीय बन जाता है। पशु होते हुए भी उसे ईश्वर के समकक्ष माना जाने लगा है।

हनुमान के नेतृत्व में बन्दर लंका तक पहुँचने के लिए एक पुल बना लेते हैं, और रावण की राजधानी पर हमला बोल देते हैं। राजा से आशा की जाती है कि वह अपनी प्रजा का पालन करें और उनकी रक्षा भी करे। परन्तु रावण कुछ भी नहीं करता, वह सिर्फ अपने प्रदेश पर शासन करता है। वह सीता को वापस करने के लिए तैयार नहीं होता, भले ही उसकी लंका नष्ट हो जाए। वह अपने भाइयों और बेटों को मरने के लिए भेजता रहता है, परन्तु सीता को वापस नहीं करता। वह हर कीमत पर अपनी इच्छा पूरी करना चाहता है।

रावण के दस सिर और बीस हाथ हैं। कहा जाता है कि वह एक पुरोहित का बेटा था और धर्म ग्रन्थों का ज्ञानी भी था। उसे शिव का पूजक भी बताया गया है। इस सब ज्ञान और शक्ति के बावजूद उसमें बुद्धि का अभाव है। यद्यपि बन्दरों ने अपने को बदलकर मनुष्य बना लिया है, परन्तु रावण मनुष्य होते हुए भी पशु की श्रेणी में उतर आया है। देखा जाय तो वह पशुओं से भी बदतर है, क्योंकि उसके कार्य आत्म रक्षा और वंश विस्तार भी नहीं करते। वह आत्म-भ्रम और आत्म-महत्त्व से ही परिचालित हैं, और अन्त में यही उसके पतन का कारण भी सिद्ध होता है।

रावण को मारने के बाद राम अपनी पत्नी सीता के साथ अयोध्या वापस आते हैं और उनको राजा बना दिया जाता है। उनका शासन रामराज्य कहा जाता है, जिसे धर्म के द्वारा सुशासन का स्वर्ण युग माना गया है।

फिर एक दिन उन्हें एक अफवाह सुनाई देती है। उन्हें बताया जाता है कि उनकी प्रजा सीता को रानी बनाने से प्रसन्न नहीं है, क्योंकि वह रावण

सीता अयोध्या से बाहर निकल रही है–महाराष्ट्र की चित्रकथी कला

सीता के पुत्र लव और कुश–कैलेन्डर चित्र

के महल में कई महीने रहकर आई है। राम यह सुनकर सीता को वनवास के लिए छोड़ देते हैं, यद्यपि उसने जलती आग पर चलकर अपनी पवित्रता प्रमाणित कर दी है। 'रामायण' का यह अन्त विवादास्पद है। इसमें दिखाई देने वाला अन्याय धर्म के सिद्धान्त के विरुद्ध है।

यह घटना धर्म की जटिलता का उदाहरण है। वे पहले अयोध्या के राजा हैं या सीता के पति? राजा के नाते उन्हें अपनी प्रजा की भावनाओं का आदर करना चाहिए, और वंश की परम्परा भी यही है कि चरित्र पर दाग लगी स्त्री रानी नहीं बनाई जानी चाहिए। परन्तु पति होने के नाते राम का कर्तव्य अपनी पत्नी की रक्षा करना है। राम इन दोनों में से राजा के कर्तव्य का चुनाव करते हैं, और वंश की परम्परा बनाए रखने के लिए अपने व्यक्तिगत सुख का बलिदान कर देते हैं।

तर्क दिया जा सकता है कि राजा के नाते भी राम को सीता की रक्षा करनी चाहिए थी, क्योंकि पत्नी होने के अलावा वह भी उनकी प्रजा थी। परन्तु यहाँ यह याद रखने की ज़रूरत है कि राजा होने के कारण राम से नए नियम बनाने की अपेक्षा नहीं की जाती, बल्कि उनका पालन कराने की आशा की जाती है। वंश का नियम ही अन्तिम नियम है और इसे बनाए रखना उनका कर्तव्य है। राम भी यही करते हैं। यह कहानी इस प्रकार नियमों और परम्पराओं के बीच भेद की स्थिति पर भी प्रकाश डालती है। रघुवंश में नियम और परम्पराएँ राम को जीवन के आरम्भ में ही अपने पिता की इच्छा का पालन करने के लिए वन भेज देती हैं, और कहानी के अन्त में भी इस के कारण उन्हें जीवन के सबसे महान संकट में डाल देते हैं—जब चरित्र दोष के गलत आधार पर उन्हें अपनी पत्नी का त्याग करने के लिए विवश होना पड़ता है।

परन्तु राम रानी के रूप में सीता का त्याग करते हैं, लेकिन पत्नी के रूप में नहीं करते। वे पुनर्विवाह करने से इन्कार कर देते हैं। वे शासन करते हुए भी अपने बगल में सीता की सोने की मूर्ति रखते हैं, जो उनके जीवन में सीता के महत्त्व को व्यक्त करती है। यह मूर्ति भी सबसे शुद्ध धातु, स्वर्ण, की बनी है जिससे यह भी स्पष्ट होता है कि उनका चरित्र निर्दोष था।

हिन्दू पुराण-कथाओं की प्रत्येक घटना का एक परिणाम होता है। सीता

राम का मूँछों वाला चित्र–कपड़े पर कलमकारी

के परित्याग का भी एक परिणाम होता है। सीता के परित्याग से राम के जीवन का आश्रय नष्ट हो गया है। उनके अश्व को लव और कुश पकड़ लेते हैं, जो सीता के पुत्र हैं, वन में पैदा हुए हैं, लेकिन जो यह नहीं जानते कि राम उनके पिता हैं। वे भी राम की सेना का सामना करके साबित करते हैं कि धर्म सीता के साथ है, अयोध्या के नहीं।

सीता अपने बेटों तथा राम के बीच की लड़ाई को समाप्त कराती है। उसकी विजय उसके चरित्र और शुद्धता का प्रमाण है। अयोध्या की प्रजा उनसे क्षमा माँगती है और उनसे वापस लौटने का आग्रह करते है, परन्तु इसके लिए प्रजा उनकी एक बार और परीक्षा लेना चाहती है। सीता पृथ्वी से प्रार्थना करती है कि यदि वे पवित्र हैं, तो वह फट जाए और उसमें उन्हें समा ले। उनके यह कहते ही पृथ्वी फट जाती है और सीता उसमें प्रवेश कर जाती हैं। इसको लक्ष्मी का अपने पुरखों के देश में वापस जाना कहा जा सकता है।

राम, विष्णु, अपनी पत्नी लक्ष्मी के बिना पृथ्वी पर बने रहना स्वीकार नहीं करते। वे अपने पुत्रों को साम्राज्य का भार सौंपकर सरयू नदी में प्रवेश कर जाते हैं।

'रामायण' का आखिरी अध्याय धर्म, नीति और रीति के अन्तर की ओर ध्यान आकृष्ट करता है। नीति का अर्थ है कानून और रीति का परम्परा। कानून और परम्पराओं का निर्माण निर्बलों की सहायता के उद्देश्य से किया जाता है। कई दफा वे अन्याय और क्रूरता करते भी देखे जाते हैं। सीता का परित्याग इसी का उदाहरण है। जब कानून और परम्परा धर्म के सिद्धान्तों की प्रतिष्ठा करने में असफल रहते हैं, तब उनको छोड़ने या बदलने की जरूरत होती है। इस विचार को कृष्ण की कथा में स्पष्ट किया गया है।

6. कृष्ण का रहस्य

कर्म के पीछे का विचार जानिए

भागवत् के कृष्ण—तंजोर कला

कृष्ण की कहानी दो पुराणों में फैली हुई है–‘भागवत’ में और ‘महाभारत’ में।

‘भागवत’ के कृष्ण बाँसुरी बजाने वाले, खेलकूद प्रिय, शैतान, रोमांटिक गोपालक हैं जिन्हें मक्खन बहुत प्रिय है। ‘महाभारत’ के कृष्ण शंखध्वनि करने वाले, नगर-निर्माता, योद्धा, नेता, दार्शनिक, राजनेता, और रथवाहक व्यक्ति हैं जो युद्ध की धूल धक्कड़ से सने हैं। इन दोनों को मिलाकर वे पूर्ण-अवतार बनते हैं, जो ईश्वर का सर्वग्राही अवतार है।

कृष्ण भिन्न प्रकार के ईश्वर हैं। वे दिव्यत्व की पारम्परिक धारणाओं और उचित सामाजिक व्यवहार पर चोट करते हैं और उन्हें चुनौती देते हैं। उनके नाम का शब्दार्थ ‘काला’ है, जो भारत की काले रंग के प्रति अरुचि को चुनौती देता है। उनकी हमेशा गोपाल या रथवाहक के रूप में कल्पना की जाती है, पण्डित या राजा के रूप में नहीं, जो समाज के निचले वर्ग को स्पष्टतः अधिक महत्त्व देता है। उनकी माँ उनकी असली माँ नहीं है, प्रेमिका उनकी पत्नी नहीं है, और जिन स्त्रियों को वे छुड़ाते हैं, वे न उनकी प्रजा हैं और न परिवार की सदस्या। उनका प्रेम संभोग वास्तविक नहीं है, और युद्ध भी वास्तविक नहीं है। वह हमेशा उससे कहीं ज़्यादा हैं, जो सामने आँखों से दिखाई देता है। और कृष्ण अवतारों में अकेले वे ही मुस्कराते नज़र आते हैं, जो शैतानी से भरी और अर्थपूर्ण मुस्कान है। जब कृष्ण आसपास होते हैं, तब जो दिखाई देता है, उससे ज़्यादा वह होता है जो पर्दे के पीछे बना रहता है।

राम को ‘मर्यादा-पुरुषोत्तम’ कहा गया है, जो किसी भी कीमत पर समाज के नियमों को समर्थन देते हैं, परन्तु कृष्ण को ‘लीला-पुरुषोत्तम’ कहा जाता है, जो जीवन का आनन्द लेते हैं। राम का व्यक्तित्व गम्भीर और सन्तुलित है, जो आदर का भाव उत्पन्न करता है, परन्तु कृष्ण का चंचल और शैतानी

पार्थसारथी कृष्ण—चेन्नई से प्राप्त चित्र

166   विष्णु के सात रहस्य

से पूर्ण है जो स्नेह उत्पन्न करता है। राम की कहानी समय के दूसरे युग, त्रेता युग, से सम्बन्धित है, जब धर्म का वृषभ तीन पैरों पर खड़ा है, परन्तु कृष्ण की कहानी उसके बाद आने वाले संसार के तीसरे युग, द्वापर में, जब वृषभ दो पैरों पर खड़ा है, घटित होती है। इसलिए कृष्ण की दुनिया उस दुनिया के समीपतर है, जिसमें आज हम रह रहे हैं, जो समय का चौथा और अन्तिम, कलियुग है, जब नैतिकता और आचार के मानदण्ड अस्पष्ट और घुँधले पड़ चुके हैं। आज की इस दुनिया में धर्म की धारणा बहुत कठिन हो गई है, जिसे समझाना और लागू करना आसान नहीं रहा है। ययाति की कहानी में यह तथ्य बहुत स्पष्ट रूप से सामने आता है।

ययाति कृष्ण के पूर्वज थे, और उनके श्वसुर ने, जब उन्होंने ययाति को पत्नी के अलावा किसी अन्य स्त्री के साथ प्रेम करते देखा, शाप दिया था कि वे समय से पहले ही बूढ़े और नपुंसक हो जायेंगे। ययाति ने अपने पुत्रों से याचना की, कि वे यह शाप अपने ऊपर ले लें, जिससे वे युवा बने रह सकें। बड़े बेटे यदु ने शाप अपने ऊपर लेने से इन्कार कर दिया। क्योंकि वह मानता था कि उन्हें अपने बेटों पर यह संकट थोपने का अधिकार नहीं है, परन्तु सबसे छोटे बेटे, पुरु ने इसे स्वीकार कर लिया। ययाति इससे बहुत प्रसन्न हुए और जब उन्होंने अपना जीवन अच्छी तरह भोग लिया, तब उन्होंने घोषणा की कि पुरु को ही राज्याधिकार मिलेगा और यदु तथा उनकी सन्तानों और उनकी भी सन्तानों को हमेशा गद्दी से वंचित रहना पड़ेगा।

यदु के वंशज होने के कारण कृष्ण कभी राजा नहीं बने। राज्याधिकार पुरु की परम्परा में ही चलता रहा, जिसमें पाण्डव तथा कौरव भी उत्पन्न हुए थे, यद्यपि उन्होंने बार-बार शासन के क्षेत्र में अपनी अयोग्यता प्रदर्शित की थी।

राम के युग में जो बात अच्छी मानी जाती थी, वह कृष्ण के समय में बुरी बन चुकी थी। राम द्वारा पिता की आज्ञापालन ने उन्हें ईश्वर बना दिया, परन्तु पुरु के आज्ञापालन से समाज का सर्वनाश हो गया। दशरथ ने राम से प्रार्थना की जिससे वे उनका दिया वचन पूरा कर सकें, परन्तु ययाति अपने सुख भोग के लिए अपनी सन्तानों के पास गया। ययाति ने अपने

मारसेला, गोवा, से प्राप्त देवकी और कृष्ण का चित्र

व्यक्तिगत लाभ के लिए नियम का दुरुपयोग किया, परन्तु दशरथ ने राज परम्परा पर आँच न आने देने के उद्देश्य से इसका उपयोग किया। पिता की आज्ञा का पालन करने का यह नियम दशरथ के लिए धर्म का पालन बन जाता है, परन्तु ययाति के मामले में नहीं।

ययाति का आचरण ऐसे समाज को बढ़ावा देता है जिसमें नियम के शब्द उसकी आत्मा से अधिक महत्त्व प्राप्त कर लेते हैं। यह कृष्ण की दुनिया है, जिसमें कर्म से अधिक महत्त्व उसके पीछे के विचार को प्राप्त है।

कृष्ण की कथा मथुरा में आरम्भ होती है, जो यादवों का नगर है। भविष्यवाणी की गई है कि देवकी की आठवीं सन्तान उसके बड़े भाई कंस का वध करेगी। कंस भय के कारण देवकी की सब सन्तानों को उनके पैदा होते ही मार डालता है।

जिस रात उनकी आठवीं सन्तान जन्म लेती है, उनके पति वासुदेव उन्हें यमुना पार करके गोकुल पहुँचा आते हैं। वहाँ वे ग्वालों के सरदार नंद की पत्नी यशोदा से उसी रात उत्पन्न हुई पुत्री से अपनी सन्तान बदल लेते हैं। यशोदा जागती है तो कृष्ण को वहाँ लेटा पाती हैं और उन्हीं को अपनी सन्तान मान लेती हैं। फिर वे उन्हें पाल-पोसकर बड़ा करती हैं। कंस इस बीच देवकी की बाहों में लेटी बच्ची को मारने का प्रयत्न करता है, परन्तु वह उसके हाथों से छूटकर आसमान में जा पहुँचती है, और देवी का रूप धारण कर घोषणा करती है कि तुझे मारने वाला पैदा हो चुका है। कंस गुस्से में पागल हो उठता है, क्योंकि वह समझ गया है कि उसके सब प्रयत्न व्यर्थ हो गए हैं।

इस घटना के परिणाम स्वरूप कृष्ण की दो माताएँ हैं : देवकी जिसने उन्हें जन्म दिया है, और यशोदा जो उन्हें पालती हैं। देवकी उच्च परिवार की स्त्री है, परन्तु यशोदा साधारण ग्वालिन है। देवकी में जन्मजात श्रेष्ठता के गुण हैं। परन्तु यशोदा जीवन में सीख रही है। इस प्रकार देवकी की श्रेष्ठता में कृष्ण की दिव्यता व्यक्त होती है, और यशोदा के दूध ने उन्हें सहजता प्रदान की है और उनमें प्रकृति और पोषण दोनों के तत्व समाहित हैं।

कृष्ण की माखन चोरी–मैसूर चित्र

कृष्ण कपड़े चुरा रहे हैं–दक्षिण भारतीय मन्दिर में भित्ति–चित्र

 विष्णु के सात रहस्य

हम सब प्राणी अपने जन्म से प्राप्त गुणों और संसार से प्राप्त गुणों का सम्मिश्रण होते हैं। हमारी स्वाभाविक विशेषताओं को वर्ण और सांस्कृतिक उपलब्धियों को जाति कहा जाता है। कृष्ण का वर्ण उच्च वर्गीय है परन्तु जाति से वे ग्वाले हैं। उच्च वर्गीय होते हुए भी वे राजा नहीं बन सकते, और ग्वाला होते हुए भी वे नेता बन सकते हैं।

दूसरों के प्रति हमारा व्यवहार, हम जो देखते हैं तथा उसे किस प्रकार ग्रहण करते हैं, इस पर आश्रित होता है। लेकिन हर वस्तु देखी नहीं जा सकती। जाति तो देखी जा सकती है, परन्तु वर्ण नहीं। व्यक्ति अपना व्यवहार देख सकता है, परन्तु विश्वासों तक उसकी पहुँच नहीं होती। व्यक्ति ग्वाले के कपड़े पहन सकता है और उसकी तरह बात भी कर सकता है, परन्तु मन से वह राजकुमार हो सकता है। जब तक इस सम्भावना के प्रति हम सचेत नहीं होते, इसे नहीं जान सकते।

कृष्ण की कहानियों में दूध और उससे निकाला हुआ मक्खन प्रेम का प्रतीक है। उसके गाँव की ग्वालिनें ऊपर छत से लटके मिट्टी के बर्तनों में मक्खन भरकर रखती हैं, जिस तक कोई नहीं पहुँच सकता। यह मक्खन बेचने के लिए होता है। परन्तु कृष्ण इसका विरोध करते हैं और मुफ्त बाँटने के लिए कहते हैं। फिर वे अपने शैतान साथियों के कंधों पर चढ़कर बर्तनों तक पहुँच जाते हैं, उन्हें तोड़ देते हैं और प्रेम का मक्खन ज़मीन पर फैला देते हैं।

कृष्ण जब बड़े होते हैं, तो प्रेम का यह लक्ष्य बदल जाता है। अब बर्तन नहीं तोड़े जाते। अब कपड़े चुराए जाते हैं। यह यमुना में नहाती गोपियों के लिए और उन सबके लिए जो ये कहानियाँ सुनते हैं, शर्म का कारण होता है। जब तक हम यह नहीं जान पाते कि प्रतीक की भाषा में वस्त्र हमारा सार्वजनिक चेहरा मात्र है। कृष्ण हर व्यक्ति के भीतर छिपे हार्दिक भाव को देखते हैं, ये हृदय प्रेम देना भी चाहते हैं और लेना भी चाहते हैं।

हृदय रोकता है परन्तु ज़बानें चुप नहीं रहतीं। 'कृष्ण, हमारा मक्खन

महारास–लघु चित्र

    विष्णु के सात रहस्य

मत चुराओ; कृष्ण, हमारे कपड़े मत चुराओ।' प्रेम में कोई स्वतंत्र नहीं होना चाहता। कोई अपने भाव व्यक्त नहीं करना चाहता। सब यशोदा के घर जा पहुँचते हैं और उनसे कहते हैं कि वे (यशोदा) कृष्ण को रोकें।

यशोदा कृष्ण को रोकने की कोशिश करती हैं, लेकिन सफल नहीं होतीं। वे कृष्ण को मूसल से बाँध देती हैं, घर के भीतर बन्द कर देती हैं, लेकिन उनकी माखन चोरी और चित चोरी खत्म नहीं होती। अन्त में सब उपाय बेकार हो जाते हैं, सब बर्तन टूट-फूट जाते हैं, सब वस्त्र गायब हो जाते हैं, और सिर्फ प्यार शेष रहता है, मक्खन से लिपटा मीठा-चिकना प्यार।

जब हृदय खुलता है, जब प्रेम उसमें प्रवेश करता है और उससे बाहर भी निकलता है, तब सर्वत्र सुरक्षा का भाव व्याप्त होने लगता है। सुरक्षा से स्वतंत्रता आती है। अपना बड़प्पन दिखाने की ज़रूरत नहीं होती। हम जो हैं, वही बने रह सकते हैं, दूसरों पर अपनी इच्छा लादने की इच्छा भी नहीं होती। हम हरेक को स्वीकार करते हैं, और उसे गले लगाते हैं। हम लोगों को ग्रहण करते हैं, उन्हें जो हैं बने रहने का अवसर देते हैं, क्योंकि ईश्वर ने हमें स्वीकार किया है और गले लगाया है। इसका परिणाम वह महारास है जो यमुना के किनारे मधुबन में फूलों से लदे जंगल में सम्पन्न होता है।

इस महारास में कृष्ण बीच में होते हैं और उनके इर्द-गिर्द गोपियाँ नाचती हैं—यह पूर्ण स्वतन्त्रता की प्रतीकात्मक अभिव्यक्ति है। कृष्ण और गोपियों के बीच कोई निश्चित सम्बन्ध नहीं है। यह सामाजिक नियंत्रणों से मुक्त है, शुद्ध मनोभावों पर आधारित है, जो सरल है, निर्दोष है और जिनका कोई उद्देश्य नहीं है। इसीलिए यह गोले का आकार धारण करता है, जो प्राकृतिक आकारों का सबसे सहज रूप है। केन्द्र में ईश्वर और परिधि पर उनके भक्त दोनों के सम्पूर्ण प्रेम का प्रतीक हैं।

जब तक गोपियाँ कृष्ण को निश्छल तथा निष्काम भाव से प्रेम करती हैं तब तक वे अनेक रूप धारण करके उनमें से प्रत्येक के साथ नृत्य करते हैं, जिससे वे समझती हैं कि वे उन्हें ही सम्पूर्ण रूप से प्रेम करते हैं। परन्तु

कृष्ण बगुले को साधते हुए–
केरल का चित्र

कृष्ण पूतना का वध करते
हुए–मैसूर का चित्र

कृष्ण कालिया नाग को नदी में
पकड़ते हुए–उड़ीसा का चित्र

कृष्ण कंस को धराशायी करते हुए–
कैलेन्डर कला

जब वे उन पर अपना अधिकार जताना आरम्भ कर देती हैं वे गायब हो जाते हैं, और गोपियाँ दुखी हो उठती हैं। फिर उन्हें इसका ज्ञान होता है और वे क्षमा माँगती हैं। कृष्ण मधुबन लौट आते हैं, और फिर उनके साथ नाचने लगते हैं।

महारास गाँव के बाहर जंगल में रात के समय होते हैं, जहाँ कुछ भी परिचित नहीं है। फिर भी गोपियाँ असुरक्षित महसूस नहीं करतीं। जंगल का कानून उनको प्रभावित नहीं करता। उनकी कृष्ण में निष्ठा है और वे निर्भय हैं। कृष्ण जंगल के बीच बाँसुरी बजाते हैं, यहाँ प्रेम का राज है, शक्ति का नहीं। यहाँ दुर्बलतम व्यक्ति निर्भय है। यहाँ सब मुक्त होकर नाच सकते हैं, गा सकते हैं, और प्रसन्न रह सकते हैं।

लेकिन कृष्ण जंगल में रहते नहीं थे। पहले वे गोकुल नामक गाँव में रहे, फिर उनके माता-पिता वृन्दावन आ गए, क्योंकि गोकुल असुरक्षित हो चला था। ये दोनों स्थल बस्तियाँ हैं। बस्तियाँ बसाने के लिए भूमि के साथ हिंसक व्यवहार करना पड़ता है, वहाँ पहले से विद्यमान जंगली शक्तियों को हटाना पड़ता है।

कृष्ण को भी बचपन में कई बार धमकियों का सामना करना पड़ा। सबसे पहले उसे अपनी दाई, पूतना, का ही सामना करना पड़ा, जो अपने स्तनों में जहर लगाकर उन्हें दूध पिलाती है। फिर एक भयंकर तूफान से उनका मुकाबला होता है और वे अग्निकाण्ड में फँस जाते हैं, फिर घनघोर वर्षा के शिकार हो जाते हैं। सब तरह के जानवर उन पर हमला करते हैं : पहले एक जंगली घोड़ा, फिर एक बछड़ा, खूँख्वार बैल, विशाल सर्प, तेज़ बाज़ और फिर एक गधा। तेज़ी से आ रही एक गाड़ी उन्हें रौंदना चाहती है। कृष्ण इन सबसे स्वयं अपनी और गाँव भर की रक्षा करने के लिए हिंसा का सहारा लेते हैं, और इन सब असुरों को मारते चले जाते हैं या भगा देते हैं। सभी जानवर शान्त हो जाते हैं और उनमें कुछ पालतू बन जाते हैं। वे जंगल की आग को पी जाते हैं और भयंकर वर्षा से गाँव की रक्षा के लिए एक पर्वत निकल आता है।

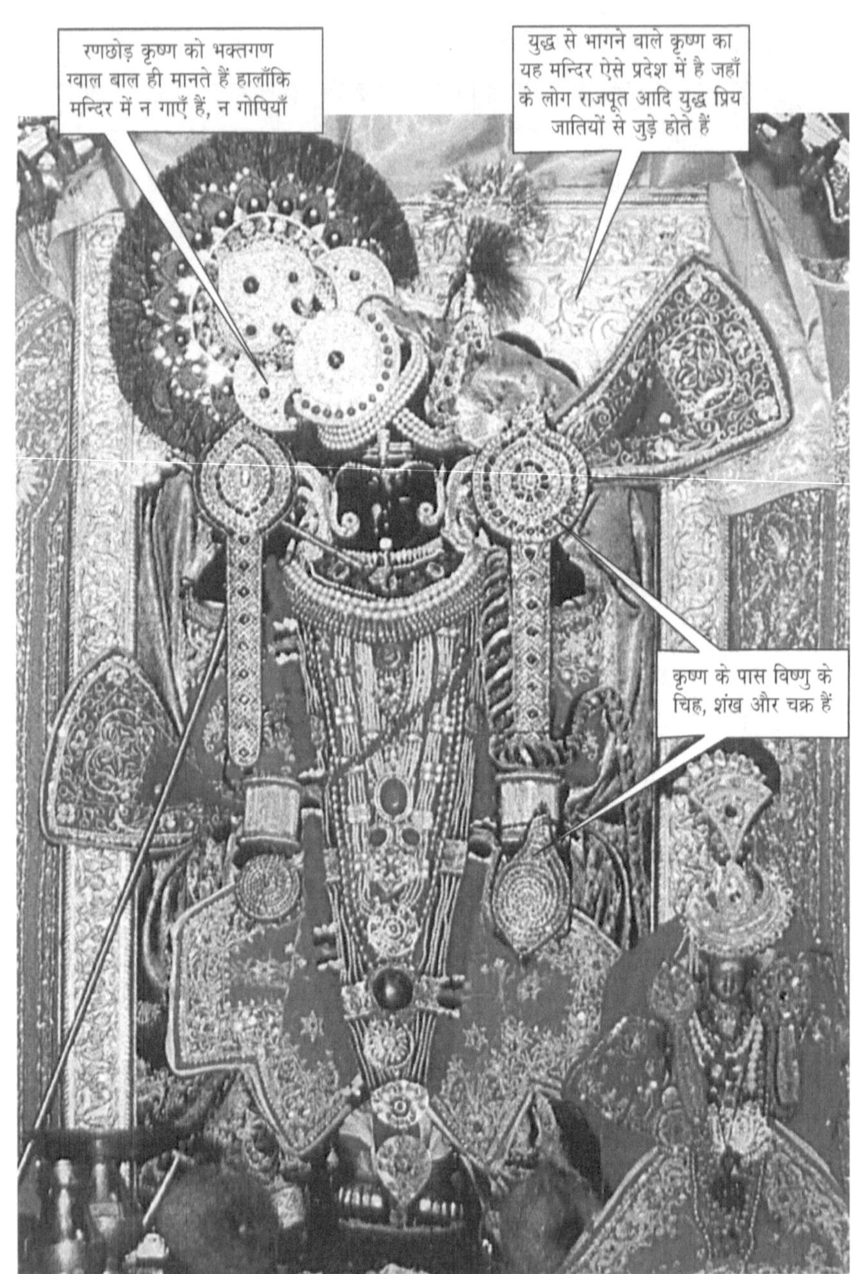

रणछोड़जी कृष्ण—द्वारका के मन्दिर में अंकित

इस तरह कृष्ण उस हिंसा को स्वीकार करते हैं जो जीवित रहने के लिए आवश्यक है। और हिंसा से भी ज़्यादा ज़रूरी उसके पीछे का विचार है। दानव कृष्ण पर इसलिए आक्रमण करते हैं, क्योंकि वे कंस के लिए खतरा हैं। उनकी हिंसा के पीछे कंस का भय है और अपनी नियति स्वीकार करने से उसका इन्कार है। यह अधर्म है। कृष्ण की हिंसा आत्मरक्षा के लिए है, जो स्वयं को बचाने और उन्नति करते रहने की आवश्यकता से जुड़ी है; वे अपनी तरफ से किसी को चोट नहीं पहुँचाना चाहते। इसलिए उनकी हिंसा धर्म है।

जब कंस वृन्दावन के इस ग्वाल बाल के बारे में सुनता है, जो जंगली पशुओं और दैत्य-दानवों को मार डालता है, पर्वत को अपनी उँगली पर उठा लेता है, तो वह समझ जाता है कि यही उसका भानजा है जो उसे मारने के लिए पैदा हुआ है। परन्तु वह आसानी से हार मानने को तैयार नहीं है, और मल्ल युद्ध करने के लिए उसे मथुरा आने का निमंत्रण देता है; और उसे लाने के लिए शाही रथ भेजता है।

परन्तु उसकी योजना सफल नहीं होती। यह चमत्कारी बालक न केवल मथुरा के नामी पहलवानों को पछाड़ देता है, वह शाही हाथी को भी मार डालता है, शाही धनुष-बाण भी तोड़ डालता है, और अन्त में अत्याचारी राजा को भी मार डालता है, जिससे उसके जुल्म के शिकार यादव वंश के लोग प्रसन्न हो जाते हैं।

कंस का वध पुराणों में इसलिए विशिष्ट है, क्योंकि पिता समान अपने से बड़े किसी का वध इस प्रकार की अकेली घटना है। राम अपने पिता दशरथ की आज्ञा मानकर वनवास के लिए चले जाते हैं, पुरु अपने पिता ययाति की आज्ञा मान लेते हैं, परन्तु कृष्ण मामा कंस को समर्पण नहीं करते। यह कहानी सांस्कृतिक सोच का यह परिवर्तन व्यक्त करती है, कि नई पीढ़ी पुरानी पीढ़ी का अत्याचार बरदाश्त करने को तैयार नहीं है। इस प्रकार कृष्ण भारत की सांस्कृतिक परम्परा में एक क्रान्तिकारी परिवर्तन के सूचक हैं।

जब कृष्ण का रथ वृन्दावन से मथुरा के लिए रवाना होता है, तब गोपियाँ

कृष्ण का विवाह—केरल का भित्ति चित्र

कृष्ण और उनकी अनेक पत्नियाँ—मैसूर कला

मान लेती हैं कि अब वे वापस लौटकर नहीं आएँगे लेकिन कृष्ण ने उन्हें विश्वास दिलाया था कि वे कुश्ती खत्म होते ही अवश्य वापस आएँगे। परन्तु, कृष्ण का वास्तविक रूप अब प्रकट हो गया है। वे देवकी के बेटे हैं, यशोदा के नहीं। वे ग्वाले नहीं हैं, यादव वंश के राजकुमार हैं। नियति ने उनके लिए कुछ विशेष कार्य निर्धारित किए हैं, जो अब उन्हें करने हैं। वे अब गाय और दूध और मक्खन की दुनिया में सुख भोगने के लिए नहीं लौट सकते। राजाओं के साथ उनका मुकाबला शुरू हो जाता है।

कंस का श्वसुर जरासंध अपने दामाद की मृत्यु का बदला लेने के लिए मथुरा पर आक्रमण कर देता है और उसे जलाकर राख कर देता है। उसके साथ युद्ध करने के स्थान पर अपने यदु वंश की रक्षा के लिए कृष्ण यह प्रदेश छोड़ कर सुदूर द्वारका चले जाते हैं, जो जरासंध के प्रभाव से अलग है। सामान्य योद्धा के लिए इस प्रकार का आचरण स्वाभाविक नहीं है, परन्तु कृष्ण इसके द्वारा भी अपनी कुशलता प्रदर्शित करते हैं। इसके लिए उन्हें रणछोड़ राय भी कहा जाता है, परन्तु वे चिन्ता नहीं करते और आगामी युद्धों की तैयारी करने में लग जाते हैं।

वृन्दावन की गोपियों में एक कृष्ण के सबसे निकट मानी जाती है। उसका नाम राधा है। राधा को यशोदा के भाई की पत्नी बताया जाता है, और वह कृष्ण से बड़ी भी है। इस प्रकार दोनों का यह सम्बन्ध नियम और प्रथा दोनों के विपरीत है। अपेक्षाओं और परम्पराओं से मुक्त यह शुद्ध प्रेम संगीत से जुड़ा है। यह कृष्ण को मुरली बजाने की प्रेरणा देता है।

लेकिन कृष्ण जब वृन्दावन छोड़ते हैं, वे नियम कानून और परम्परा की दुनिया में प्रवेश करते हैं, जहाँ कोई सम्बन्ध शुद्ध नहीं है, जहाँ हर वस्तु अपेक्षाओं से नियंत्रित है। संगीत बन्द हो जाता है। वे मुरली छोड़ देते हैं और उसके स्थान पर योद्धा का शंख ग्रहण कर लेते हैं। वे स्त्रियों से विवाह करना आरम्भ कर देते हैं, परन्तु प्रेम के कारण नहीं बल्कि कर्तव्य-पालन के लिए।

वे विदर्भ की राजकुमारी रुक्मिणी को भगा ले जाते हैं और उससे विवाह

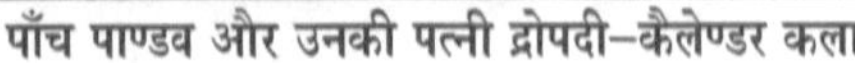

पाँच पाण्डव और उनकी पत्नी द्रौपदी—कैलेण्डर कला

कर लेते हैं, क्योंकि वह उनसे प्रार्थना करती है कि वे उसे उसके असफल विवाह से बचा लें। वे सत्यभामा से विवाह कर लेते हैं जो उन्हें उपहार स्वरूप दी जाती है, क्योंकि उन्होंने उनके चाचा के हत्यारों को पकड़कर उसके द्वारा छीनी गई परिवार की अत्यन्त मूल्यवान स्यमंतक मणि को प्राप्त किया है। इस प्रकार वे आठ प्रमुख पत्नियाँ प्राप्त करते हैं, और इनके बाद एकदम 16 हज़ार सामान्य पत्नियों के स्वामी बन जाते हैं, जिन्हें दानवराज नरकासुर ने अपने हरम में कैद कर रखा था, और जिसका वे वध कर देते हैं।

कृष्ण इन सब पत्नियों के अच्छे पति और इनकी सन्तानों के अच्छे पिता भी सिद्ध होते हैं। वे अपने भी अनेक शरीर धारण कर लेते हैं जिससे कोई पत्नी यह न महसूस करे कि वे उसकी ओर ध्यान नहीं देते। परन्तु इनमें से कोई उनके नेत्रों में वह गहराई नहीं देख पाती, जो केवल राधा के लिए सुरक्षित है, और न वे उनके साथ इस प्रकार नृत्य करते हैं, जैसे वे कभी गोपियों के साथ नाचा करते थे। उनके ये सम्बन्ध, राम के सीता के साथ जो सम्बन्ध थे, उस प्रकार के सम्बन्ध हैं–प्रथा द्वारा संचालित, आदर पर आधारित, कर्तव्य के सम्बन्ध।

कृष्ण को अपने मामा, कंस का प्यार नहीं मिला। परन्तु वे अपने परिवारिक भ्राताओं, पाण्डवों को इस प्रकार के व्यवहार का शिकार होने से बचा लेते हैं। कृष्ण के पिता, वासुदेव, उनके मामा हैं।

कृष्ण अपनी चाची, कुंती और उनके बेटे, पाण्डवों को निर्धनता से त्रस्त पाते हैं, जिन्हें उनके पिता के भाई, अन्धे धृतराष्ट्र, और उनके सौ बेटों, कौरवों ने राज्य में उनके उत्तराधिकार से वंचित कर दिया है। पाण्डवों के पास अब एक ही वस्तु शेष बची है, द्रौपदी, जो उन सबकी अकेली पत्नी है, परन्तु जो सामान्य स्त्री नहीं है, लक्ष्मी है।

जब विष्णु परशुराम थे, तब लक्ष्मी ने अपने पिता की गौ का रूप धारण किया था। दूसरे शब्दों में कहें, तो वे उनकी माँ थीं जो उनका पोषण करती थीं। जब विष्णु राम थे, तब लक्ष्मी सीता थीं, उनकी पतिव्रता पत्नी, जो हमेशा

द्रोपदी के चीरहरण के समय कृष्ण उनके वस्त्र बढ़ाते हुए—कैलेण्डर कला

उनके साथ खड़ी रहती थीं। जब विष्णु कृष्ण हुए, तब लक्ष्मी ने द्रोपदी का रूप धारण किया, जो उनकी माँ या पत्नी न होकर दूर की, एक सम्बन्धी थी जो रक्त या विवाह, किसी भी तरह उनके साथ जुड़ी नहीं थीं। द्रोपदी राधा की तरह कृष्ण की चिन्ता करती हैं, और उनसे कोई अपेक्षा नहीं करतीं। इसीलिए कृष्ण भी हर समय उनका ध्यान रखते हैं, यद्यपि वे ऐसा करने को बाध्य नहीं हैं।

द्रोपदी को पत्नी और कृष्ण को मित्र के रूप में पाकर पाण्डव अपने ताऊ से माँग करते हैं कि उन्हें पारिवारिक सम्पत्ति में से आधी प्रदान की जाए। काफी सोच-विचार के बाद उन्हें खाण्डव प्रस्थ का जंगल दे दिया जाता है। कृष्ण की सहायता से वे इस प्रदेश को सुख-समृद्धि से पूर्ण इन्द्रप्रस्थ बना लेते हैं।

कृष्ण के सहयोग से पाण्डव अपार शक्तिशाली बन जाते हैं। पाँचों में सबसे बलवान भीम मल्ल-युद्ध में जरासंध को मार डालते हैं, जिसने मथुरा का नाश किया था। अब सबसे बड़े भाई युधिष्ठिर को, स्वयं को स्वतंत्र सम्राट घोषित करने का अवसर मिल जाता है।

दुर्भाग्यवश, सफलता पाण्डवों के सिर चढ़कर बोलने लगती हैं। कृष्ण की अनुपस्थिति में वे कौरवों का, उनके साथ जुआ खेलने का निमंत्रण स्वीकार कर लेते हैं। इसमें वे अपना सब कुछ हार जाते हैं—सोना-चाँदी और गाय-बैल ही नहीं, बल्कि अपना राज्य, अपनी आज़ादी और अपनी पत्नी द्रोपदी भी।

यह जुए की प्रतियोगिता धर्म के पतन की सूचक है क्योंकि इससे प्रकट है कि राजा लोग संस्कृति को अपनी व्यक्तिगत सम्पत्ति समझने लगे थे। वे यह भूल गए थे कि धर्म क्यों चलाए जाते हैं, और साम्राज्य स्थापना का उद्देश्य क्या होता है। अधिक भौतिक साधनों का निर्माण करना, जिससे मनुष्य जीवित रहने के आगे देख सके और जीवन के अर्थ की तलाश कर सके।

पाण्डवों ने जब जुआ खेलना शुरू किया और सब कुछ दाँव पर लगाकर लगातार हारने लगे, इस समय कृष्ण उनके साथ नहीं थे, यह इस बात का सूचक है कि उनकी आध्यात्मिक क्षमता समाप्त हो गई थी। वे उन देवों की तरह हो गए थे, लक्ष्मी जिनका साथ छोड़ गई है।

पाण्डवों से सब कुछ छीन लेने के बाद कौरवों की मनस्थिति असुरों के

कृष्ण कौरवों से शान्ति-वार्ता करते हुए—मुगल लघु चित्र

समान पागलों की तरह हो जाती है। राजा होने के कारण उनसे निराश्रयों की सहायता करने की अपेक्षा की जाती है, परन्तु वे राक्षसों की तरह उनका शोषण करने लगते हैं।

द्रोपदी को उनके पति हार जाते हैं, तो उसे बाल पकड़कर जुआघर में लाया जाता है, और सबके सामने उसे नंगा किया जाता है। वह न्याय की माँग करती है, दया की याचना करती है, परन्तु कोई उसकी रक्षा के लिए आगे नहीं आता। हर कोई वचन-पालन में पीछे अपना सिर छिपा लेता है। जब द्रोपदी असहाय भय से चीखती-चिल्लाती है, तब धर्म का नाश हो जाता है।

इस समय कृष्ण अपना देवत्व प्रकट करते हैं। देश और काल के सब नियमों को तोड़कर वे यह प्रबन्ध करते हैं कि द्रोपदी के शरीर का जितना भी वस्त्र उघड़ता जाता है, उसके स्थान पर नया वस्त्र उत्पन्न होता चला जाय। यह विष्णु का गोविन्द रूप है, ग्वाले का रूप जो पृथ्वी—गौ के साथ राजाओं द्वारा दुर्व्यवहार किए जाने की दशा में उसकी रक्षा करते रहे हैं। वे वादा करते हैं कि ऐसे दुष्ट राजाओं से वे पृथ्वी को मुक्त कर देंगे। वे उसके आँसुओं को उनके रक्त से धो देंगे।

अब एक समझौता होता है। पाण्डव अपनी पत्नी के साथ बारह वर्ष जंगलों में रहेंगे, उसके बाद एक वर्ष अज्ञात वास में अपना जीवन बितायेंगे। अगर इस अन्तिम वर्ष वे छिपकर रहने में सफल हो जाते हैं, तो कौरव उनका राज्य और सम्पत्ति वापस कर देंगे।

पाण्डव कहते हैं, हम इसी समय लड़कर अपना अधिकार वापस क्यों नहीं ले लेते? इसके लिए हमें तेरह वर्ष जंगलों में रहने की क्या ज़रूरत हैं? कृष्ण इसका उत्तर देते हैं; क्योंकि तुमने यह वचन दिया है। इसी से तुम लोग राज्य को इस प्रकार जुए में लगाने के पाप का प्रायश्चित्त कर सकोगे!'

पाण्डव तेरह वर्ष का वनवास भुगतते हैं। इस बीच उनकी सन्तानें कृष्ण के साथ रहती हैं। संकट के ऐसे अवसरों पर सरस्वती पाण्डवों के पास आती

अर्जुन युद्ध क्षेत्र में–आधुनिक चित्र

युद्ध में अर्जुन–मैसूर चित्र

    विष्णु के सात रहस्य

हैं। हर व्यक्ति अपने दोष स्वीकार करता है और श्रेष्ठतर बनकर निकलता है। वे ऋषियों से मिलते हैं और शासन के सिद्धान्तों को समझते-सीखते हैं, भौतिक सुरक्षा के उपाय ढूँढते हैं, और आध्यात्मिक उन्नति की ओर अग्रसर होते हैं। इन वर्षों में, और विशेषकर तेरहवें (अन्तिम) वर्ष में, जब पाण्डव राजा विराट के यहाँ नौकरों का कार्य करके जीविका चलाते हैं तथा शासन करने की योग्यता प्राप्त करते हैं।

तेरह वर्ष के वनवास के बाद पाण्डव तो शुद्ध हो जाते हैं, परन्तु कौरव पहले की तरह भ्रष्ट बने रहते हैं और अपना वचन पूरा करने के लिए तैयार ही नहीं होते, कोई समझौता करने से भी वे इन्कार कर देते हैं। कृष्ण कहते हैं, शान्ति के लिए पाण्डवों को पाँच गाँव ही दे दो, परन्तु सबसे बड़ा भाई दुर्योधन एक सुई की नोक के बराबर भूमि भी देने को तैयार नहीं होता। अब कृष्ण पाण्डवों को कौरवों से युद्ध करने की राय देते हैं।

यह युद्ध सम्पत्ति के लिए नहीं है। यह धर्म के लिए युद्ध है। धर्म यह है कि भूमि पर अधिकार करने की पशु-भावना को रोका जाय और उसे सब मनुष्यों में बाँटने की भावना को जाग्रत किया जाए। कौरव अपने भाइयों से ही सम्पत्ति बाँटने को तैयार नहीं होते। वे अपना वचन पालन करने से इन्कार कर देते हैं और दूसरों की सम्पत्ति को हड़पने की कोशिश करते हैं। पृथ्वी ऐसे राजाओं को स्वीकार नहीं करती। उन्हें मारना आवश्यक है।

महारास की तरह कुरुक्षेत्र का युद्ध भी वह नहीं है, जो दिखाई देता है। दोनों प्रतीक हैं। महारास में दिखाई देने वाली यौन-भावना यौन-आचार नहीं है, उसी तरह युद्ध की हिंसा भी कुछ और व्यक्त करती है। महारास में नृत्य-गायन के द्वारा जो उद्धत यौन-भावना दिखाई देती है, उसमें शारीरिक भोग का एकदम अभाव है; वह सुन्दर हँसमुख बालक के साथ रात के समय जंगलों में विवाहित स्त्रियों के निर्द्वन्द्व होकर नृत्य करने में निहित शुद्ध प्रेम तथा पूर्ण सुरक्षा की निश्छल अभिव्यक्ति है। इसी प्रकार कुरुक्षेत्र का युद्ध सम्पत्ति या बदला लेने के लिए नहीं है; यह मनुष्यता के पुनर्जागरण, पशु भाव

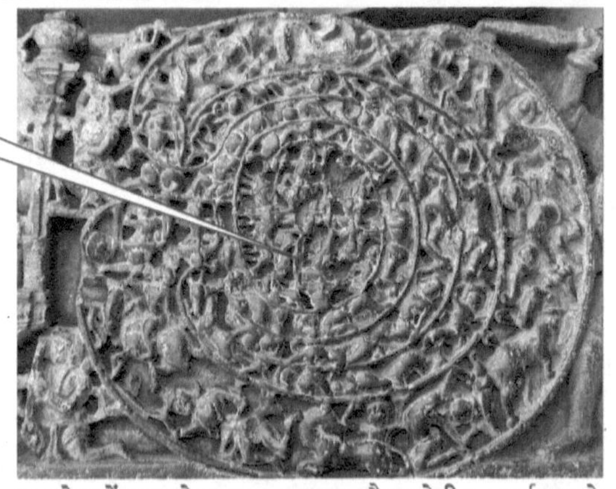

कुरुक्षेत्र में युद्ध के दृश्य—पट्टदकल और हलेबीडु, कर्नाटक के मन्दिरों में अंकित चित्र

के परित्याग तथा देवत्व की उपलब्धि का उपाय है।

कृष्ण युद्ध में स्वयं नहीं लड़ते। वे रथ वाहक और मार्गदर्शक का काम करते हैं। वे केवल प्रोत्साहन देते हैं, लड़ना पाण्डवों का कार्य है। यह उनकी लड़ाई है, उनका निर्णय है, उनका काम है। युद्ध शुरू होने से पहले वे सिर्फ यह बताने का काम करते हैं कि यह लड़ाई सम्पत्ति या बदले के लिए नहीं है। यह धर्म की पुनर्स्थापना के लिए है, और धर्म का अर्थ है बाँटना, दूसरे को देना, उससे लेना नहीं। भौतिक वस्तुओं को जीतना युद्ध का काम नहीं है; क्योंकि यह एक भ्रम है—भौतिक सच्चाई जीती नहीं जा सकती। यह भौतिक सच्चाई के माध्यम से आध्यात्मिक सच्चाई को समझने के लिए है। यह सम्पत्ति की धारणाओं के सम्बन्ध में प्रश्न करने के लिए है कि लोभ, क्रोध, दोष और घृणा कहाँ से आते हैं। युद्ध यह तथ्य जानने के लिए है कि हर व्यक्ति एक भयभीत प्राणी है, जो अपनी सुरक्षा और महत्त्व प्राप्त करना चाहता है, और यह समझने के लिए है कि दूसरों के प्रति समभाव उत्पन्न करके मनुष्य अपने इस पशु-चरित्र से मुक्त हो सकता है। पशुत्व से आगे बढ़ने की प्रक्रिया ही ईश्वर को प्राप्त करना है। युद्ध के पहले दी गई कृष्ण की यह शिक्षा 'भगवद्गीता' के नाम से प्रसिद्ध है।

कौरवों की सेना का प्रथम नेतृत्व परिवार के सबसे वृद्ध व्यक्ति, भीष्म सम्भालते हैं। वे कौरव तथा पाण्डव दोनों के पितामह हैं। कृष्ण उनको मारने के लिए कहते हैं, क्योंकि उन्होंने आश्रम धर्म का परित्याग किया है। ययाति के बेटे पुरु की तरह वे अपने वृद्ध पिता शांतनु के अपनी प्रिय स्त्री से विवाह करने के लिए स्वयं अविवाहित रहने का निश्चय करते हैं। वे अपने भतीजों और उनकी सन्तानों की देखभाल में जीवन बिता देते हैं। जब उनके पौत्र कौरव और पाण्डव बड़े होकर अपनी ज़िम्मेदारी सम्भालने के योग्य हो जाते हैं, तब भी वे उनको सुरक्षा देने के अति-उत्साह में उसी प्रकार जीवन बिताते रहते हैं, उससे मुक्त नहीं हो पाते।

जब यह ज्ञात होता है कि भीष्म को मारना सम्भव नहीं है, क्योंकि उन्हें अपनी मृत्यु का समय निश्चित करने की शक्ति प्राप्त है, तब कृष्ण अर्जुन को प्रेरणा देते हैं कि सौ बाण मारो और उन पर भीष्म को डालकर उन्हें निश्चल

विष्णु के योद्धा-पुरोहित अवतार परशुराम–केरल भित्ति चित्र

190   विष्णु के सात रहस्य

कर दो। इस प्रकार कृष्ण उन्हें बलपूर्वक समाज से अलग कर देते हैं, जिससे वे मृत्यु की कामना करने लगते हैं।

भीष्म के बाद कौरव सेना का नेतृत्व उनके गुरु द्रोण करते हैं, जो पाण्डवों के गुरुजी रहे हैं। कृष्ण अर्जुन को उन्हें इसलिए मारने का परामर्श देते हैं, क्योंकि उन्होंने वर्ण-धर्म की अवहेलना की है। वे यद्यपि ब्राह्मणों के परिवार में उत्पन्न हुए थे, वे योद्धा का जीवन बिताते रहे, यही नहीं, उन्होंने द्रुपद के राज्य का आधा हिस्सा अपने बेटे के लिए माँगकर उसे भी राजा बना दिया। गुरु के रूप में वे अपने छात्रों को युद्ध की प्रत्येक कला की ही शिक्षा देते हैं, शान्ति की नहीं देते। वे उन्हें सम्पत्ति हड़पने की शिक्षा देते हैं, बाँटने की नहीं। वे उन्हें भौतिकता की हर बात की शिक्षा देते हैं, आध्यात्मिक सच्चाई की एक शिक्षा भी नहीं देते।

इसलिए कृष्ण युधिष्ठिर पर एक सफेद झूठ बोलने के लिए दबाव डालते है, कि अश्वत्थामा मर गया है। तुम अश्वत्थामा हाथी के लिए कहोगे कि वह मर गया है, परन्तु वे इसे अपना बेटा समझ लेंगे। तब वे लड़ना बन्द कर देंगे, और तब द्रोपदी का भाई धृष्टद्युम्न उनका सिर इस तरह धड़ से अलग कर देगा, जैसे उन्होंने द्रुपद का राज्य पांचाल काट डाला था।

द्रोण की मृत्यु के बाद कर्ण सेनापति बनता है। कर्ण और कृष्ण दोनों जानते हैं कि कर्ण कुंती का बेटा है, जो पाण्डु से उनके विवाह से पहले पैदा हुआ था। इसलिए वह पाण्डवों का बड़ा भाई और कृष्ण का भी सम्बन्धी है, जिसका रथ चालकों ने पालन-पोषण किया था।

कर्ण ने परशुराम से धनुर्विद्या सीखी थी और कौरवों की सेना में नाम कमाया था। द्रोपदी ने स्वयंवर में उसके भाग लेने को रोक दिया था और पाण्डव रथवाहकों से जुड़े होने के कारण उसे नीचा समझते थे, परन्तु दुर्योधन ने उसे राजकुमार का सम्मान प्रदान किया था। द्रोपदी के कार्य से उसे ही बड़ी हानि पहुँची। उसने कर्ण को स्वीकार नहीं किया, परन्तु उसे पाँच भाइयों से शादी करनी पड़ी, जो उसे जुए में लगाकर हार गए। दुर्योधन के समर्थन का कर्ण को नुकसान हुआ, उसे एक मित्र और धर्म के बीच चुनाव करना पड़ा–उसने मित्र को चुना।

इसलिए ईश्वर उनका विरोधी हो जाता है। युद्ध के मैदान में उसके रथ

क्रोधित भीम दुःशासन का पेट फाड़कर उसका खून पीने की तैयारी कर रहा है

भीम और दुर्योधन गदा उठाकर लड़ने को तैयार हैं

कथकली नर्तक

का पहिया धरती में धँस जाता है। वह नीचे उतरकर उसे बाहर निकालने की कोशिश करता है, तब कृष्ण अर्जुन को उकसाते हैं कि निहत्थे योद्धा पर पीछे से वार करो। अर्जुन इसका विरोध करता है, तो कृष्ण कहते हैं कि जिस व्यक्ति ने भरी सभा में द्रोपदी के अपमान का विरोध नहीं किया, जिसने धर्म के ऊपर मित्रता को महत्त्व दिया, उसे धर्म से रक्षा प्राप्त करने का कोई अधिकार नहीं है।

भीष्म, द्रोण और कर्ण परशुराम के शिष्य हैं। तीनों को धर्म की रक्षा करने के उद्देश्य से युद्ध-कला की शिक्षा दी गई थी। परन्तु द्रोपदी का चीर हरण होते समय तीनों चुपचाप यह दृश्य देखते रहे। तीनों कोई-न-कोई तर्क देकर पाण्डवों के बजाय कौरवों को समर्थन देने की वकालत करते हैं। वे धर्म की आत्मा को नकार कर उसके नियमों की दुहाई देते हैं। वे अपनी असहायता की दुहाई देते हैं, अपने कर्म से समाज पर पड़ने वाले परिणामों पर विचार नहीं करते। इसलिए कृष्ण रूपधारी विष्णु अपने ही शिष्यों को मारने का प्रबन्ध करते हैं।

भीम एक-एक कौरव को मारता है, तो कृष्ण चुपचाप देखते रहते हैं। जब भीम दुर्योधन के छोटे भाई का खून पीते हैं, जिसने द्रोपदी को नंगा किया था, तब भी वे चुपचाप देखते रहते हैं। इसके बाद जब भीम द्रोपदी के उस दिन से खुले बालों को दुःशासन के रक्त से धोता है, और उसकी अन्तड़ियों से जूड़ा बाँधता है, तब भी वे चुप रहते हैं। तब तेरह वर्ष पहले जुए के खेल में हारने के बाद स्वीकार किया गया एक कठोर दण्ड पूर्ण होता है।

जब दुर्योधन को मारना कठिन होने लगता है, तब कृष्ण एक सुनिश्चित युद्ध-नियम को तोड़ने का आह्वान करते हैं—कि शत्रु पर कमर से नीचे चोट नहीं पहुँचाना। भीम अब यही करते हैं और अपनी गदा से दुर्योधन की जाँघें तोड़ डालते हैं।

सौवें कौरव दुर्योधन की मृत्यु के बाद पाण्डवों की विजय की घोषणा

कृष्ण के चित्रण (घड़ी के अनुसार) नाथद्वारा, राजस्थान में, गुरु वायुर, केरल में, पंढरपुर महाराष्ट्र में और उडुपी, कर्नाटक में।

हो जाती है। वे अब इन्द्रप्रस्थ नामक राज्य के ही स्वामी नहीं हैं, जिसका उन्होंने ही निर्माण किया था, बल्कि हस्तिनापुर राज्य के भी स्वामी हैं, जो उनके पूर्वजों ने बनाया था और जिसमें उन्हें हिस्सा मिलना चाहिए था।

परन्तु युद्ध की भी अपनी कीमत होती है, जो चुकानी ही पड़ती है। अठारह दिन के युद्ध के बाद द्रोण का बेटा, अश्वत्थामा रात के समय पाण्डवों के शिविर पर हमला करता है, और द्रौपदी के पाँच बेटों को पाँच पाण्डव समझ कर मार डालता है। ईश्वर होने के कारण कृष्ण जानते थे कि यह होगा, परन्तु वे इसे रोकते नहीं, शायद इसलिए क्योंकि वे पाण्डवों को यह शिक्षा देना चाहते हैं कि धर्म के लिए किए गए युद्ध के भी परिणाम अच्छे नहीं होते।

इसलिए अन्त में कृष्ण को दो स्त्रियों को सांत्वना देनी पड़ती है; गाँधारी और द्रौपदी को, जिन्होंने इस युद्ध में अपने बेटे खोए हैं।

गाँधारी कृष्ण और उनके परिवार को शाप देती है। कृष्ण उसे रोकते नहीं। अपने भयंकर क्रोध में वह अपने हृदय का सारा दुख बाहर उड़ेल देती है, जिसके बाद उसकी आत्मा स्वच्छ एवं पवित्र हो जाती है। फिर वह अपने बेटों की दुष्टता की निन्दा करके दहाड़ मारकर रोती है। कृष्ण उसे गले से लगा लेते हैं।

कृष्ण द्रौपदी का दुख भी समझते हैं। उसके अपमान का बदला लेने के लिए जो युद्ध हुआ, उसी में उसके पाँचों बेटे भी मारे गए। वह समझ जाती है कि बदला और न्याय दोनों के लिए उनकी कीमत चुकानी पड़ती है। कृष्ण उससे कहते हैं कि अब इसे भूल जाओ। यह कठिन काम है। कृष्ण उसे बाँहों में उठा लेते हैं और शक्ति देते हैं। जीवन कठिन है और मनुष्य अपूर्ण है। जीवन की कठिनाइयों से निबटने के लिए हरेक से गलतियाँ होती हैं। मनुष्य से सच्चा प्यार वही है, जो उनकी गलतियों के बावजूद उससे किया जाय।

'महाभारत' के अन्तिम अध्याय में युधिष्ठिर कौरवों को स्वर्ग में रहते देखकर कुपित होते हैं। इन्हें यहाँ क्यों स्थान मिला—जबकि ये इतने अधिक अत्याचार के दोषी हैं? कृष्ण पलटकर कहते हैं, 'तुमने इन सबको मार डाला,

विष्णु के सात रहस्य   195

राजगोपाला स्वामी–तमिलनाडु, नायक युग

इनके राज्य पर शासन किया, फिर भी तुम उनसे घृणा करते हो? कहते हो कि मैंने दुनिया छोड़ दी है, लेकिन अपने क्रोध को नहीं छोड़ा? इस तरह तुम स्वर्ग के कैसे अधिकारी बन सकते हो?'

हिन्दुओं की दुनिया में प्रत्येक वस्तु को ईश्वर माना गया है। प्रत्येक वस्तु को। कौरवों को भी। दुनिया की हर वस्तु कृष्ण का अंग है। इसलिए हर वस्तु को प्यार किया जाना चाहिए, और उसमें भी प्यार करने की क्षमता है। जिसने कृष्ण का साक्षात्कार कर लिया है, वह कौरवों से घृणा नहीं कर सकता। वह किसी से घृणा नहीं कर सकता। कृष्ण कौरवों को उनके कार्यों के लिए दण्डित करते हैं, परन्तु उनका बहिष्कार नहीं करते। उनके प्रेम में हर व्यक्ति को स्थान प्राप्त है—सब से दुर्बल को भी, क्रूरतम को भी और सबसे अपूर्ण व्यक्ति को भी। यही धर्म है।

जब हम प्यार करना बन्द कर देते हैं, तब हम अधर्म को अपनाते हैं। हम लोगों को अच्छा या बुरा समझते हैं, उनकी भर्त्सना करते हैं और उनका बहिष्कार करते हैं। हम उदार नहीं रहते। लोगों से घृणा करके उन्हें त्यागने लगते हैं। कौरवों की तरह हम घटिया, कमीने, लालची और अत्याचारी हो गए हैं। या पाण्डवों की तरह दिशाहीन, भ्रमित और विचारहीन हो गए हैं। और बुद्धि तथा सही राह की तलाश कर रहे हैं। हम मधुवन को भूलकर कुरुक्षेत्र के जाल में फँस गए हैं।

पृथ्वी हमारे लिए रोती है। क्योंकि प्रेम करने की अपनी क्षमता खोकर, शक्ति की तलाश में, ज्ञान के अभाव में, हम जीवन का सुख भोगने का स्वर्ण अवसर, जिसमें हम दूसरों को सुखी बना सकें, और दूसरों को सुख देने में स्वयं भी सुख प्राप्त कर सकें, खो देते हैं। इसलिए कृष्ण का उद्योग तब शुरू होता है जब पृथ्वी—गौ विष्णु से अपनी सन्तानों को बचाने की गुहार लगाती है।

ईश्वर सुनता है। ग्वाल-बाल रथवाहक बन जाता है। वह नेता के बिगड़े हुए मस्तिष्क को गीता का उपदेश देकर अनुशासित करता है। इसके शब्द जीवन की सही समझ प्रदान करते हैं, ऐसी समझ कि परिस्थितियों का गलत आकलन न किया जाय, और दुनिया से गलत आशा-अपेक्षाएँ भी न की जाएँ। इस शिक्षा को प्राप्त कर मनुष्य शक्ति एकत्र करने की इच्छा पर नियंत्रण करता

विष्णु के सात रहस्य   197

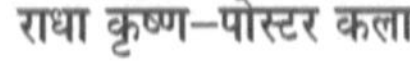

राधा कृष्ण—पोस्टर कला

है और प्रेम का मार्ग स्वीकार करता है। हम जीवन में, उस पर नियंत्रण करने के लिए नहीं, बल्कि उसका समादर करने के लिए, सम्मिलित होते हैं।

‘महाभारत’ के रथवाहक, रुक्मिणी और स्वामी, कृष्ण हमारे मस्तिष्क को भाते हैं और संकट का किस प्रकार सामना किया जाय, इसकी शिक्षा देते हैं। वे हमारे युद्ध का मैदान बने जीवन को फूलों से भरे बगीचे में बदल देते हैं। वे हमें कुरुक्षेत्र से बाहर निकालकर फिर मधुबन में वापस ले जाने का प्रयत्न करते हैं।

यहाँ हमें ‘भागवत’ के ग्वाले, राधा के प्रेमी, कृष्ण, मिलते हैं, जो हमारे हृदय को लुभाते हैं और आनन्द की हमारी कामना जगाते हैं। हमारी इन्द्रियाँ जाग उठती हैं, हृदय प्रेम से और मस्तिष्क ज्ञान से भर उठते हैं, और हम अनजाने ही निश्छल भाव से महारास के नृत्य-संगीत में शामिल हो जाते हैं।

7. कल्कि का रहस्य

चीज़ों के महत्त्व को कम होने दो

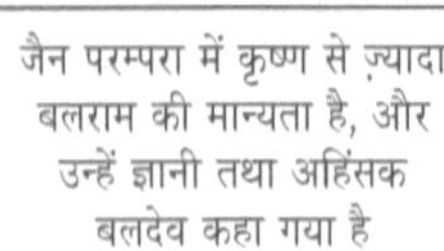

उन्नीसवीं शताब्दी के कालीघाट, बंगाल से प्राप्त दो चित्र

अपने बच्चों को 'महाभारत' की कथा सुनाते समय लोग उन्हें एक महत्त्वपूर्ण बात बताना भूल जाते हैं। वह यह कि कृष्ण के बड़े भाई बलराम युद्ध में भाग लेने से इन्कार कर देते हैं। जिस समय कृष्ण कुरुक्षेत्र के युद्ध में पाण्डवों को विजय दिलाने में लगे होते हैं, बलराम तीर्थ यात्रा करने चले जाते हैं क्योंकि वे समझ नहीं पाते कि मारकाट क्यों मचाई जा रही है।

कुछ पुराणों में बलराम को विष्णु की शय्या बने शेषनाग का अवतार बताया गया है, जिनको साथ लेकर वे पृथ्वी पर उतरते हैं। परन्तु कुछ अन्य पुराणों में, विशेषकर दक्षिण भारत के ग्रन्थों में, उन्हें दस अवतारों में से नवें, विष्णु का अवतार बताया गया है। उनके हाथों में खेती-बाड़ी के हल और खुरपा इत्यादि यंत्र हैं, जबकि कृष्ण के हाथ में पशु-चिकित्सा के मंत्र हैं। इससे प्रतीत होता है कि प्राचीन भारत में ये दोनों देवता आवश्यक आर्थिक क्रिया-कलापों के देवता थे, परन्तु बाद में उन्हें आध्यात्मिक महत्ता प्रदान कर दी गई—लेकिन फिर भी वे एक-दूसरे से जुड़े रहे।

कृष्ण के माध्यम से विष्णु जीवन से जुड़ते हैं, जिसे प्रवृत्ति मार्ग कहा जाता है, और बलराम के माध्यम से वे तपस्या का जीवन स्वीकार करते हैं, जिसे निवृत्ति मार्ग कहा जाता है। बलराम यद्यपि कृष्ण के बड़े भाई हैं, परन्तु अवतारों की सूची में उनका नाम कृष्ण के बाद आता है जिससे यह ध्वनित होता है कि विष्णु की कथाओं में बलराम की अपेक्षा कृष्ण को ज़्यादा पसन्द किया जाता है।

बलराम अपने छोटे भाई की तरह न चतुर कूटनीतिज्ञ हैं, और न उनकी तरह घनघोर प्रेमी। उड़ीसा स्थित पुरी के मन्दिर में दुनिया के स्वामी जगन्नाथ के रूप में कृष्ण की पूजा की जाती है, उनके साथ उनकी बहन सुभद्रा और बड़े भाई बलराम हैं। प्राचीन कथा के अनुसार बलराम का रेवती के साथ विवाह हुआ है, और उनकी वत्सला नामक एक पुत्री भी है, परन्तु पुरी के मन्दिर की परम्परा में उन्हें शिव की तरह तपस्वी बताया जाता है जिन्हें भंगपान बहुत प्रिय है, और जो स्त्रियों से दूर रहते हैं। आध्यात्मिक परिप्रेक्ष्य में स्त्रियों

जगन्नाथ और उनके भाई बलभद्र तथा बहन सुभद्रा की पारम्परिक मूर्तियाँ

की उपेक्षा भौतिक सच्चाइयों की उपेक्षा मानी जाती है। कृष्ण जहाँ पाण्डवों के साथ धर्म की रक्षा का प्रयत्न करने में लगे रहते हैं, बलराम उसकी परवाह नहीं करते। वे तीर्थ करने निकल जाते हैं और स्थितियों को बिगड़ने देते हैं। इसलिए बलराम विष्णु के बजाय शिव के ज़्यादा समीप आ जाते हैं, और कृष्ण के बाद हुए नवें अवतार के रूप में संसार के अन्त की सूचना देते हैं।

शिव की तरह, जो देवता और असुर दोनों को समान रूप से समर्थन देते हैं, बलराम भी कौरव और पाण्डव दोनों को बराबर मानते हैं। वे भीम और दुर्योधन दोनों को गदा-युद्ध का प्रशिक्षण देते हैं। चूँकि वे महसूस करते हैं कि कृष्ण पाण्डवों का अधिक पक्ष लेते हैं, इसलिए वे भीम के ऊपर दुर्योधन को ज़्यादा महत्त्व देते हैं। तीर्थयात्रा से लौटने पर उन्हें ज्ञात होता है कि भीम ने गदा-युद्ध के एक नियम का उल्लंघन करके दुर्योधन को मार डाला है, तो वे क्रोध में भरकर अपना हल उठा लेते हैं और भीम को मार डालने के लिए तैयार हो जाते हैं। परन्तु कृष्ण उन्हें इससे रोकते हैं, और कहते हैं कि युद्ध अब समाप्त हो गया है तथा धर्म की स्थापना करने के लिए कभी-कभी नियमों को तोड़ना भी पड़ता है। दुर्बलों की सहायता के लिए नियम बनाए जाते हैं, लेकिन दुर्योधन ने द्रोपदी के वस्त्र हरण करके उसकी निर्बलता का लाभ उठाया था, इसलिए उसने नियमों से सुरक्षा पाने का अधिकार भी खो दिया था। बलराम को कृष्ण का यह तर्क सही लगता है, और वे अपना हल नीचे कर लेते हैं।.

बलराम कठोर देवता हैं। वे जल्दी क्रोधित हो उठते हैं, परन्तु जल्द ही शान्त भी हो जाते हैं। उनका स्वभाव बहुत सरल है। शिव के गुण भी यही हैं। कृष्ण की चालबाजियाँ उनकी समझ में नहीं आतीं। कृष्ण की तर्क पद्धति उनकी समझ से बाहर है जो उन्होंने गीता में व्यक्त की है, और जिसके द्वारा उन्होंने युद्ध का समर्थन किया है। सम्पत्ति का विचार भी उनकी समझ से परे है। उनकी दृष्टि में सम्पत्ति का पूर्णतः त्याग ही सबसे बड़ा ज्ञान है।

परन्तु बलराम कृष्ण पर विश्वास करते हैं। वे मानते हैं कि छोटे भाई के शब्दों में ज्ञान है। शायद सम्पत्ति के साथ जीवन बिताने का एक दूसरा मार्ग भी है—उसके प्रति निरासक्त होना। लेकिन यह इच्छा का दमन करने

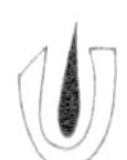

कृष्ण तथा शिव की प्रतिमाएँ, उनकी विशेष भंगिमाओं सहित

कृष्ण की मृत्यु का दृश्य–पोस्टर कला

    विष्णु के सात रहस्य

से सम्भव नहीं है, बल्कि उसके साथ रहकर प्रादेशिक व्यवहार के मूल की खोज करने से ही सम्भव है।

'महाभारत' में कुरुक्षेत्र का युद्ध समाप्त होने के बाद कौरवों की माँ गाँधारी कृष्ण को शाप देती हैं। कृष्ण ने यद्यपि धर्म की रक्षा की है, उन्होंने गाँधारी के सौ में से एक भी पुत्र को जीवित न रहने देकर एक माँ के हृदय को तोड़ा है। गाँधारी शाप देती हैं कि वे अपनी आँखों के सामने अपनी सन्तानों और उनकी भी सन्तानों को मरते हुए, और अपना नगर नष्ट होते हुए देखेंगे।

छत्तीस वर्ष के बाद यह शाप फलीभूत होता है, कृष्ण और बलराम दोनों अपने समस्त परिवारजनों को, एक मामूली से झगड़े पर—कि महाभारत के युद्ध में कौन सही था और कौन गलत—आपस में लड़कर मरते हुए देखते हैं। इसके बाद बलराम अपने जीवन से निराश हो जाते हैं और उनके प्राण नाग का रूप लेकर उनके शरीर से निकल जाते हैं। बलराम की मृत्यु के कुछ समय बाद कृष्ण की भी मृत्यु हो जाती है; एक बहेलिया उनके पैर के अँगूठे को हिरन की नाक समझकर उन्हें जहर-भरा तीर मार देता है।

बहेलिये का तीर कृष्ण के बाएँ पैर के तलवे को लगता है। अपनी बाँसुरी बजाती मूर्तियों में कृष्ण सामान्यतः अपने बाएँ पैर पर खड़े होते हैं, और उनका दायाँ पैर घूमकर उसमें फँसा होता है। यह शिव के खड़े होने के विपरीत है; वे अपने दायें पैर पर खड़े होते हैं और बायाँ उसमें फँसा होता है। बायाँ पैर भौतिक सच्चाई को व्यक्त करता है, क्योंकि यह धड़कते हृदय की दिशा में होता है, जबकि दायाँ पैर आध्यात्मिक सत्य को व्यक्त करता है, क्योंकि यह पक्ष बाएँ की अपेक्षा शान्त और स्थिर होता है, कृष्ण बाएँ पैर पर जमकर खड़े होते हैं, परन्तु उनका दायाँ पैर भी धरती पर टिका होता है, जिसका अर्थ है कि भौतिक सत्य आध्यात्मिक सत्य को भी स्वीकार कर रहा है। शिव, इसके विपरीत दाएँ पैर पर ही सारा शरीर टिकाए खड़े होते हैं, यानी उनका पूरा बल आध्यात्मिक सत्य को ही प्राप्त है; और उन्हें एकपाद शिव कहा जाता है।

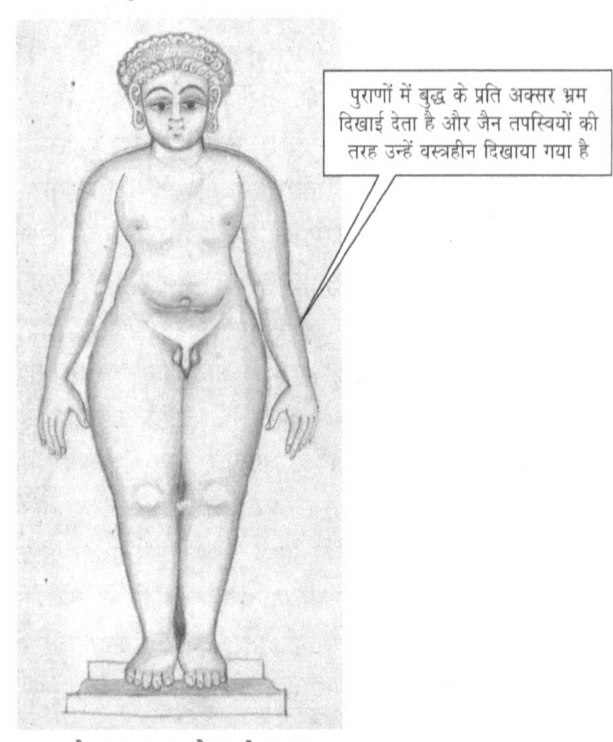

गौतम बुद्ध-कलमकारी प्रिंट

गौतम बुद्ध का मैसूर से प्राप्त

मृत्यु के समय कृष्ण ने उलटा काम किया, उन्होंने अपना बायाँ पैर दाएँ पर घुमाकर रखा जिससे उनका बायाँ तलवा दिखाई देने लगा। दूसरे शब्दों में कहें तो पृथ्वी पर जब कृष्ण का समय समाप्त होने लगा, विष्णु ने बाएँ पैर से व्यक्त होने वाले प्रवृत्ति-मार्ग का त्याग कर दिया, और दायें पैर से व्यक्त होने वाले निवृत्ति-मार्ग को स्वीकार कर लिया। उनके संसार को स्वीकार करने वाले इससे पहले के अवतार अब क्षीण हो रहे थे, क्योंकि द्वापर युग समाप्त हो रहा था, और चौथा युग कलियुग आरम्भ हो गया था।

विष्णु के दस अधिक चर्चित अवतारों में नवाँ अवतार बलराम का न होकर बुद्ध का है। कुछ हिन्दू धर्म ग्रन्थों का मानना है कि विष्णु ने पशुओं के प्रति करुणा व्यक्त करने के लिए बुद्ध का अवतार धारण किया, जिससे उनकी बलि की प्रथा समाप्त की जा सके, उनके प्रति अहिंसा का व्यवहार किया जाए। निरामिष आहार की परम्परा आरम्भ की जाय। दूसरे ग्रन्थों का कहना है कि विष्णु ने बुद्ध का अवतार वैदिक प्रथाओं को समाप्त करने के लिए लिया, जिससे दुनिया अपने विनाश के लिए तैयार हो सके।

बौद्ध मतावलंबी इन दोनों में से किसी भी बात को स्वीकार नहीं करते, उनके अनुसार चतुर हिन्दू उन्हें भी अपनी ही परम्परा में शामिल करने के उद्देश्य से ऐसा कहते हैं। ऐतिहासिक दृष्टि से यह मानना होगा कि विष्णु के बुद्ध अवतार की धारणा राजनीतिक उद्देश्य से की गई, यद्यपि दार्शनिक दृष्टि से बुद्ध अवतार सृष्टि की समाप्ति का ही सूचक है।

ऋग्वेद में कहा गया है कि कामना सृष्टि की उत्पत्ति का कारण है। क्योंकि नारायण-रूपी आध्यात्मिक शक्ति ने स्वयं को जानना चाहा, इसलिए ब्रह्मा विष्णु के कमल से उत्पन्न हुए और ब्रह्माण्ड विकसित हुआ। इस प्रकार काम, अर्थात् इच्छा, एक जीवमान देवता है। परन्तु बौद्ध चिन्तन में काम को मार की संज्ञा दी गई है, और इच्छा को दानव माना गया है। वही सब प्रकार के दुखों का कारण है। यदि कोई दुखों से मुक्ति पाना चाहता है तो उसे कामना का परित्याग करना पड़ेगा। यह होगा तो सब कार्य कलाप रुक जाएगा,

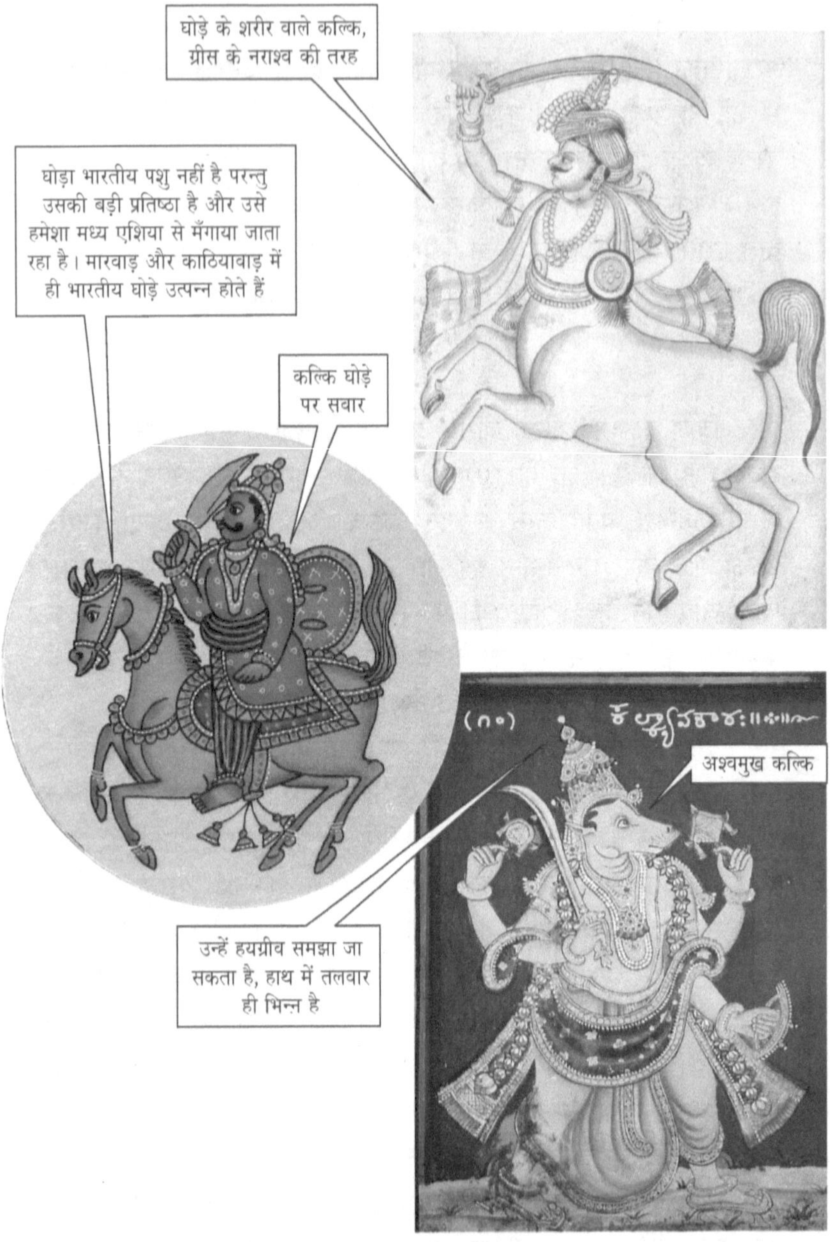

मैसूर कला में कल्कि के तीन चित्रण

 विष्णु के सात रहस्य

और जीवन समाप्त हो जाएगा। यह तपस्वी का मार्ग है, निवृत्ति मार्ग है, जो बौद्धों के निर्वाण की ओर ले जाता है, जब दीपक की लौ बुझ जाती है, और यह विचार हिन्दुओं की मोक्ष धारणा के समीप है, जिसमें जीवन के चक्र से मुक्ति प्राप्त हो जाती है।

जब इच्छा समाप्त हो जाएगी, नारायण भी नहीं जागेंगे, और शिव भी प्रकृति के सौंदर्य को देखने के लिए अपनी आँखें नहीं खोलेंगे। देवी को स्वीकार नहीं किया जाएगा। न माया रहेगी, न ब्रह्माण्ड, न वस्तुपरक सच्चाई रहेगी, न मनुष्य प्रकृति को देखेगा, मानवी चेतना का उदय नहीं होगा, केवल प्रकृति शेष रह जायेगी, पुरुष नहीं रहेगा। इन दोनों मौलिक तत्वों का विघटन विनाश में व्यक्त होगा।

बुद्ध तथा बलराम जहाँ सृष्टि से अलग होकर विनाश को जन्म देते हैं, वहाँ कल्कि स्पष्ट प्रयत्न से उसके विनाश का प्रतिनिधित्व करते हैं। वे विष्णु के दसवें और अन्तिम अवतार हैं, जो हाथों में जलती हुई तलवार लिए सफेद रंग के घोड़े पर चढ़कर दुनिया में आते हैं।

हिन्दू धर्म ग्रन्थों में कल्कि के अवतार की कहानी उस समय से आरम्भ होती है जब मध्य एशिया से विदेशियों ने भारत पर आक्रमण करना आरम्भ कर दिया था। ये हूण और मंगोल नामक भयंकर और खूँख्वार जातियाँ थीं। उनकी क्रूरता की प्रतिक्रिया के रूप में इस अवतार की कल्पना आरम्भ हुई। ये हमलावर पुराने जीवन की परम्पराओं को नष्ट कर रहे थे, इसलिए लोगों ने उनका नाश करने के लिए कल्कि अवतार की कल्पना की जो नई परम्पराओं को नष्ट कर प्राचीन संस्कृति की पुनस्थापना करेगा। इस अवतार की कल्पना का स्रोत यहूदी, ईसाई और इस्लामी परम्पराएँ प्रतीत होती हैं, जिनमें ईश्वर को मसीहा और उद्धारक माना जाता है।

भारत देश में जगह-जगह ऐसे लोकनायक हैं जो घोड़े पर सवार कल्कि की ही तरह हाथ में तलवार लेकर युद्ध करते हैं। इस प्रकार इन्हें जनता की कल्पना में संरक्षक देवता की तरह माना जाता है, जबकि धर्म ग्रन्थों में कल्कि

विष्णु के पाँच मनुष्य-अवतारों की कांस्य प्रतिमाएँ

को कल्प की समाप्ति का सूचक माना गया है, जब सृष्टि और उसके जीवन का एक चक्र समाप्त होकर दूसरे चक्र का आरम्भ होगा।

बौद्ध धर्म में भी इसी प्रकार का एक विचार है, कि भविष्य के बोधितत्व मंजुश्री हाथ में जलती हुई तलवार लेकर प्रकट होंगे। तिब्बत की बौद्ध परम्परा में मंजुश्री को यमान्तक कहा गया है। यमान्तक हिन्दू परम्परा में शिव का ही एक नाम है, जिन्हें मृत्यु यानी यम का नाशक कहा गया है। इस प्रकार कल्कि सब कुछ तथा मृत्यु को भी समाप्त कर देंगे। वे सब प्रकार की व्यवस्थाएँ और उनसे उत्पन्न वस्तुएँ समाप्त कर देंगे। इसे प्रलय का नाम दिया गया है।

भौतिक सच्चाई अस्थायी होती है। इसे बदलना होता है, यानी इसे मरकर फिर जन्म लेना होता है। इसलिए हर वह वस्तु जिसका रूप तथा नाम होता है, समय के साथ नष्ट होती और अन्त में मर जाती है। विष्णु की परम्परा में प्रकृति का यह परिवर्तन अपने आप नहीं होता, इसके नियम हैं जिन्हें जाना जा सकता है। इसे युगों में बाँटा गया है। जिस प्रकार प्रत्येक प्राणी बचपन, यौवन, प्रौढ़ता तथा बुढ़ापे की चार अवस्थाओं से गुज़रता है, उसी प्रकार दुनिया में भी चार युग होते हैं। कृतयुग संसार का बचपन है, त्रेतायुग उसका यौवन है, द्वापर मानव-जीवन की प्रौढ़ता को व्यक्त करता है, और कलियुग उसका बुढ़ापा दर्शाता है। परशुराम कृतयुग के अन्त में आते हैं, राम त्रेता के समाप्त होने पर अवतार लेते हैं, कृष्ण द्वापर का अन्त दर्शाते हैं, और कल्कि कलियुग के अन्त में प्रकट होते हैं। प्रलय होती है और विष्णु सोने चले जाते है, वे नारायण का रूप ले लेते हैं। जब अनन्त शेष का रूप धारण करते हैं, तब प्रलय होती है, अनन्त शून्य में बदल जाता है, और योग माया योग निद्रा में बदल जाती है। प्रलय मृत्यु है, पुनर्जन्म से पहले की मृत्यु।

इस प्रकार विष्णु सृष्टि का अन्त स्वीकार कर लेते हैं, उसका अंग बनते हैं, और उसमें भाग भी लेते हैं। परन्तु परशुराम, राम और कृष्ण के रूप में विष्णु धर्म की रक्षा के लिए, समय के भ्रष्ट प्रवाह के बावजूद संघर्ष करते हैं। बलराम और कल्कि के रूप में वे सृष्टि को विनाश की ओर जाने के लिए स्वतन्त्र छोड़ देते हैं। यही बुद्धिमत्ता है, यह जानना कि कब काम करना

कृष्ण के वृन्दावन छोड़ते समय गोपियों का रुदन—कैलेन्डर कला

पुरी, उड़ीसा में रथ-यात्रा का चित्र

   विष्णु के सात रहस्य

है, और कब चुप हो जाना है, कब लड़ना बन्द करके बढ़ती आयु को स्वीकार कर लेना है।

यह विचार, कि प्रत्येक वस्तु का अन्त होता है, भारत के तीन प्राचीन ग्रन्थों, 'रामायण', 'महाभारत' और 'भागवत' में विशेष रूप से व्यक्त किया गया है। 'रामायण' के अन्त में सीता, जहाँ से आई थीं, वहीं यानी पृथ्वी में समा जाती है, और राम सरयू नदी में जाकर डूब जाते हैं। 'महाभारत' में पाण्डव अपने साम्राज्य का परित्याग करके पर्वतों की यात्रा करते हैं, और स्वर्ग की तलाश करते हुए वहीं मृत्यु को प्राप्त होते हैं। 'भागवत' में कृष्ण ग्वालों के गाँव वृन्दावन से निकलकर मथुरा की राह लेते हैं। वे रथ पर सवार होकर यह यात्रा करते हैं जिसके वाहक का नाम अक्रूर है—जो क्रूर नहीं है। गोपियाँ कृष्ण को रुकने के लिए कहती हैं, परन्तु वे अपने माता-पिता, घर परिवार, मित्रों और प्रेमियों को छोड़कर जीवन के अगले पड़ाव पर पहुँचने के लिए चल पड़ते हैं। उनका रथवाहक क्रूर नहीं है, यह नाम इस तथ्य को रेखांकित करता है कि समय के प्रवाह को अस्वीकार नहीं करना चाहिए। यशोदा की भाँति, जिन्होंने कृष्ण को पाल-पोस कर बड़ा किया परन्तु उन्हें छोड़कर मथुरा जाने से नहीं रोका, हमें भी समय के परिवर्तन का स्वागत करना चाहिए।

देखा जाय तो अक्रूर यम ही है, मृत्यु का देवता, जिसे पुराणों में भावहीन बताया गया है। यम हम सब में भय उत्पन्न करता है। परन्तु वह स्वयं यह कार्य नहीं करता, क्योंकि उसमें तो भावनाएँ ही नहीं हैं। वह केवल अपना कर्तव्य पूरा करता है, जो भौतिक सच्चाई को आध्यात्मिक सच्चाई से अलग करता है। माँ के गर्भ में मनुष्य जीवन की जो यात्रा आरम्भ होती है, वह यम के आगमन पर समाप्त हो जाती है। माता के गर्भ में, कामदेव की कृपा से, आध्यात्मिक सच्चाई भौतिक सच्चाई से चारों ओर से घिरी होती है। परन्तु समय आता है। जब भौतिक सच्चाई का यह आवरण आध्यात्मिक सच्चाई से अलग होकर उसे मुक्त कर देता है।

कामदेव का लघु चित्र

यम की कम्बोडिया-स्थित प्रस्तर आकृति

विष्णु की बनारसी काष्ठ-प्रतिमा

काम और यम दोनों विष्णु के रूप हैं, जो अपना-अपना कर्तव्य कर रहे हैं, और जन्म तथा मृत्यु का चक्र चलाते रहते हैं। काम जीवन को प्रज्वलित करता है। यम मृत्यु को प्रज्वलित करता है। काम निश्चित करता है कि मृत्यु स्थायी नहीं है, यम निश्चित करता है कि जीवन स्थायी नहीं हो। काम तथा यम के कहीं कोई मन्दिर नहीं प्राप्त होते, लेकिन विष्णु के कुछ मन्दिरों में उनकी मूर्तियाँ ज़रूर दिखाई देती हैं। कामदेव एक तोते की सवारी करते दिखाए जाते हैं और उनके हाथ में गन्ने का बना धनुष होता है; यम देवता बैल पर चढ़े और हाथ में एक किताब, जिसमें लोगों की ज़िन्दगी का हिसाब-किताब लिखा होता है, या एक डंडा लिए दिखाए जाते हैं। काम इंद्रियों को जगाता है, ब्रह्मा को माया की शक्ति से बाँधता है, और यम तय करता है कि सब कर्मों का बदला दिया जाय और सारा हिसाब-किताब साफ रखा जाय।

काम और यम के चिह्न विष्णु की प्रतिमा पर ही दिखाई देते हैं। उनके चार हाथों में चार प्रतीक होते हैं; शंख, चक्र, गदा और पद्म। शंख सम्बन्धन को दर्शाता है, चक्र समय की गति को व्यक्त करता है, गदा अनुशासन की व्यवस्था करती है, और पद्म सुख का अमृत है। शंख और पद्म जल के प्रतीक हैं, ये जीवन और प्रेम से सम्बन्धित हैं, इसलिए काम को दर्शाते हैं। चक्र और गदा अग्नि के प्रतीक हैं, ये प्रकृति की लय तथा संस्कृति के नियमों से सम्बन्धित हैं, इसलिए यम को दर्शाते हैं। काम और यम दोनों मिलकर जीवन को चलाते हैं। काम और यम दोनों मिलकर विष्णु हैं।

हिन्दू पुराणों में बड़वाग्नि नामक एक अल्पचर्चित चरित्र है, एक घोड़ी जो समुद्र के तल पर खड़ी होकर साँसों से अग्नि छोड़ती है। यह जलीय प्राणी समुद्र-जल की भाप बनाता है जो धुंध बनकर आसमान में छा जाती है। और इस प्रकार समुद्र बाढ़ के रूप में धरती पर नहीं फैलता। कहा गया है कि जब प्रलय होगी, बड़वाग्नि बनना बन्द हो जाएगी, जिससे भीषण बाढ़ उमड़कर सारी पृथ्वी को डुबा लेगी। साथ ही घोड़ी से निकलने वाली आग ज्वालामुखी पर्वतों से निकलने लगेगी। इस प्रकार लावा और जल से सारी सृष्टि समाप्त हो जायेगी।

कल्कि का दक्षिण भारतीय चित्र

साँसों से आग छोड़ने वाली घोड़ी की कहानी बड़ी रोचक है। एक कथा के अनुसार प्रेम के देवता काम ने एक बार शिव के मन में कामना जगाने की कोशिश की। शिव ने अपनी तीसरी आँख खोली, उसमें से अग्नि की ज्वाला निकली और काम देवता जलकर राख हो गया। इसलिए विष्णु ने शिव की तीसरी आँख से अग्नि को बाहर निकाला और उसे घोड़ी बनाकर समुद्र में रख दिया।

भारत में ऋग्वेद के युग से घोड़े को बहुत महत्त्वपूर्ण स्थान प्राप्त है, हालाँकि आश्चर्य की बात यह है कि घोड़े भारतीय पशु नहीं हैं। गुजरात और राजस्थान के कुछ भागों को छोड़कर यह इस उपमहाद्वीप में कहीं नहीं पाया जाता। चूँकि भारत में घोड़ा उत्तर पश्चिम से विदेशी आक्रमणकारियों तथा व्यापारियों के साथ आया, इसलिए घोड़े पर सवार विष्णु के रूप कल्कि के उदय का संबंध उस समय के हमारे योद्धाओं के साथ माना जाना चाहिए।

विष्णु केवल घोड़े की सवारी ही नहीं करते, वे स्वयं भी घोड़ा बन जाते हैं। उनका एक रूप जिसमें उनका सिर घोड़े का है, और जिसे दक्षिण भारत में विशेष महत्त्व प्राप्त है, हयग्रीव कहलाता है। विष्णु के इस रूप का सम्बन्ध शिक्षा से है। इस घोड़े के सिर से सरस्वती, ज्ञान की देवी प्रकट होती है।

वैदिक साहित्य में ऐसी बहुत सी कथाएँ हैं जिनमें घोड़े के सिर वाले प्राणियों के मुँह से ज्ञान की बातें कही जाती हैं। उदाहरण के तौर पर, सूर्य याज्ञवल्क्य ऋषि को वेद का ज्ञान देने के लिए घोड़े का मुख लेकर प्रकट हुआ। दधीचि ऋषि ने भी अश्विनों के साथ वैदिक ज्ञान बाँटने के लिए घोड़े का सिर धारण किया।

यह वैदिक ज्ञान क्या है? वैदिक ज्ञान वह साक्षात्कार है कि जीवन में भौतिक सच्चाई के रूप में इन्द्रियों के द्वारा जो जाना जाता है, वह अन्तिम सत्य नहीं है। यह वह ज्ञान है जो मनुष्य को प्रकृति की सीमाओं से मुक्त करता है। यह उसे प्रकृति के बंधन तोड़कर पुरुष की प्राप्ति का मार्ग प्रशस्त करता है। प्रकृति हमें जीवन और कर्मशीलता प्रदान करती है। परन्तु अमरता नहीं देती, परन्तु पुरुष हमें अमरत्व और गंभीरता प्रदान करता है। ब्रह्मा से ब्रह्म तथा सीमित से अनन्त की यात्रा हयग्रीव का गीत है।

उड़ीसा से प्राप्त अश्वमुख हयग्रीव अपनी पत्नी के साथ जिन्हें लक्ष्मी माना गया है।

जब ब्रह्मा ने जन्म लिया, तब उनका प्रथम भाव जिज्ञासा थी—कि मैं कौन हूँ और यहाँ क्यों आया हूँ। जिज्ञासा से भय उत्पन्न हुआ, क्योंकि किसी प्रश्न का उत्तर नहीं मिला। यह भय पशुओं के भय से भिन्न है। पशु अभाव से भयभीत होते हैं, पशु शिकारियों से भयभीत होते हैं, परन्तु ये वास्तविक भय है। मनुष्य का भय कल्पना की उपज है—कल्पना से उत्पन्न अभाव, शिकारी और सबसे ज़्यादा अपनी योग्यता का महत्त्व। यह अपने महत्त्व की भावना सम्पत्ति से निर्धारित होती है—'मेरे पास क्या है?' का विचार, 'मैं क्या हूँ' का नहीं। जैसे-जैसे धन-सम्पत्ति बढ़ती है, दूसरों पर अपना प्रभाव बढ़ता है और जानकारियाँ बढ़ती हैं, उतना ही अपने महत्त्व का भाव भी बढ़ता चला जाता है।

हयग्रीव इस तथ्य की ओर भी व्यक्ति का ध्यान आकृष्ट करता है, कि सम्पत्ति की धारणा वस्तुपरक सत्य नहीं है, यह हम मनुष्यों का अपना सांस्कृतिक निर्माण है, यह प्राकृतिक रचना नहीं है। दूसरे शब्दों में कहें, तो यह माया की रचना है और ब्रह्माण्ड का अंग है। यदि मनुष्य न होता, तो सम्पत्ति भी नहीं होती। प्रकृति को मनुष्य की आवश्यकता नहीं है, मनुष्य को प्रकृति की आवश्यकता है। मनुष्य का यह भ्रम है कि वह प्रकृति का स्वामी है, प्राकृतिक सम्पदा और ज्ञान सब उसका है।

जब हम प्रादेशिक होकर और अन्य मनुष्यों पर अधिकार प्राप्त कर अपनी वृद्धि करते हैं, तब हयग्रीव हमें याद दिलाता है कि हम अभी भी पशु ही हैं, हम जीवित रहने की अपनी कामना को व्यक्त करते हैं, और दूसरों से ज़्यादा बड़ा मस्तिष्क होने पर भी हमारा विकास नहीं हुआ है। वैदिक ज्ञान हमें इस पशु-चरित्र से मुक्ति दिलाकर मानवता की ओर प्रेरित करता है। हमें भय से मुक्त करता है और निष्ठा प्रदान करता है। इसके लिए हमें आध्यात्मिक सत्य के प्रति, पुरुष के प्रति, जो प्रकृति से परे है, आत्म समर्पण करना होता है।

विष्णु की परम्परा में गजेन्द्र नामक हाथियों के राजा की कहानी है, जो कमल-पुष्पों से भरे एक तालाब में हथिनियों के साथ केलि कर रहा है। अचानक एक मगर उसका पैर पकड़ लेता है और उसे जल के नीचे घसीटने लगता है। गजेन्द्र उछलता-कूदता अपने को छुड़ाने की कोशिश करता है, परन्तु सफल नहीं होता। हथिनियाँ भी उसे छुड़ाने की कोशिश करती हैं, लेकिन कुछ

गजेन्द्र को छुड़ाते हुए विष्णु—मैसूर कला

222   विष्णु के सात रहस्य

कर नहीं पातीं। अन्त में गजेन्द्र एक कमल सूँड में उठाता है और विष्णु से सहायता की प्रार्थना करता है।

यह कहानी मनुष्य की स्थिति को दर्शाती है। हम सब गजेन्द्र हैं। कई दफा, देवों की तरह, हमें भी भौतिक सुरक्षा की आवश्यकता होती है। हमें भी अक्सर असुरक्षा महसूस होती है। असुरक्षा से सुख भोगवाद को बढ़ावा मिलता है, या जब व्यक्ति को अपने जीवन में कोई उद्देश्य नज़र नहीं आता, तो वे चिड़चिड़े और दोषदर्शी बन जाते हैं। कभी-कभी, असुरों की भाँति हम भौतिक उन्नति को ही सब कुछ समझने लग जाते हैं। हमारे जीवन का यही एकमात्र उद्देश्य बन जाता है। अत्यधिक भौतिक उन्नति के कारण हम घमण्डी हो जाते हैं, और समझने लगते हैं कि हमारा कोई कुछ बिगाड़ नहीं सकता, जब तक परिस्थितियाँ बदल नहीं जातीं। तब हम गजेन्द्र की भाँति चारों ओर हाथ-पैर मारते हैं, परन्तु मगर से अपने को छुड़ा नहीं पाते। हमारी रक्षा के लिए भी कोई नहीं आता। हम परेशान होते रहते हैं। इस स्थिति से मुक्ति तभी प्राप्त होती है, जब हम विष्णु के ज्ञान की शरण लें—जो उनकी कथाओं, प्रतीकों तथा कर्मकाण्ड में चित्रित है।

आभार

मैं उन सब व्यक्तियों का आभारी हूँ जिन्होंने इस पुस्तक की रचना में सहायता की, जिनमें ये शामिल हैं :

- श्री आर.एन. सिंह और राम सन्स कला प्रतिष्ठान, मैसूर के श्री धनेन्द्र राव जिनसे इस पुस्तक में दी गई हस्तकला की ज़्यादातर मूर्तियाँ प्राप्त हुईं।
- श्री हर्षद हेजिया का जिनसे चौपड़ खेलते शिव की प्रतिमा प्राप्त हुई।
- श्री स्वप्निल सकपाल का, जिन्होंने कला चित्रों में सहायता की।
- सर्वश्री विशाल बेरवार और संजोग गुप्त को महोबा, कुरुक्षेत्र हरियाणा के कार्तिकेय मन्दिर का फोटो देने के लिए।

—अनेक धन्यवाद!

www.ingramcontent.com/pod-product-compliance
Lightning Source LLC
LaVergne TN
LVHW091452170726
843492LV00001B/154

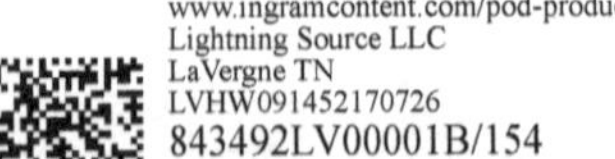